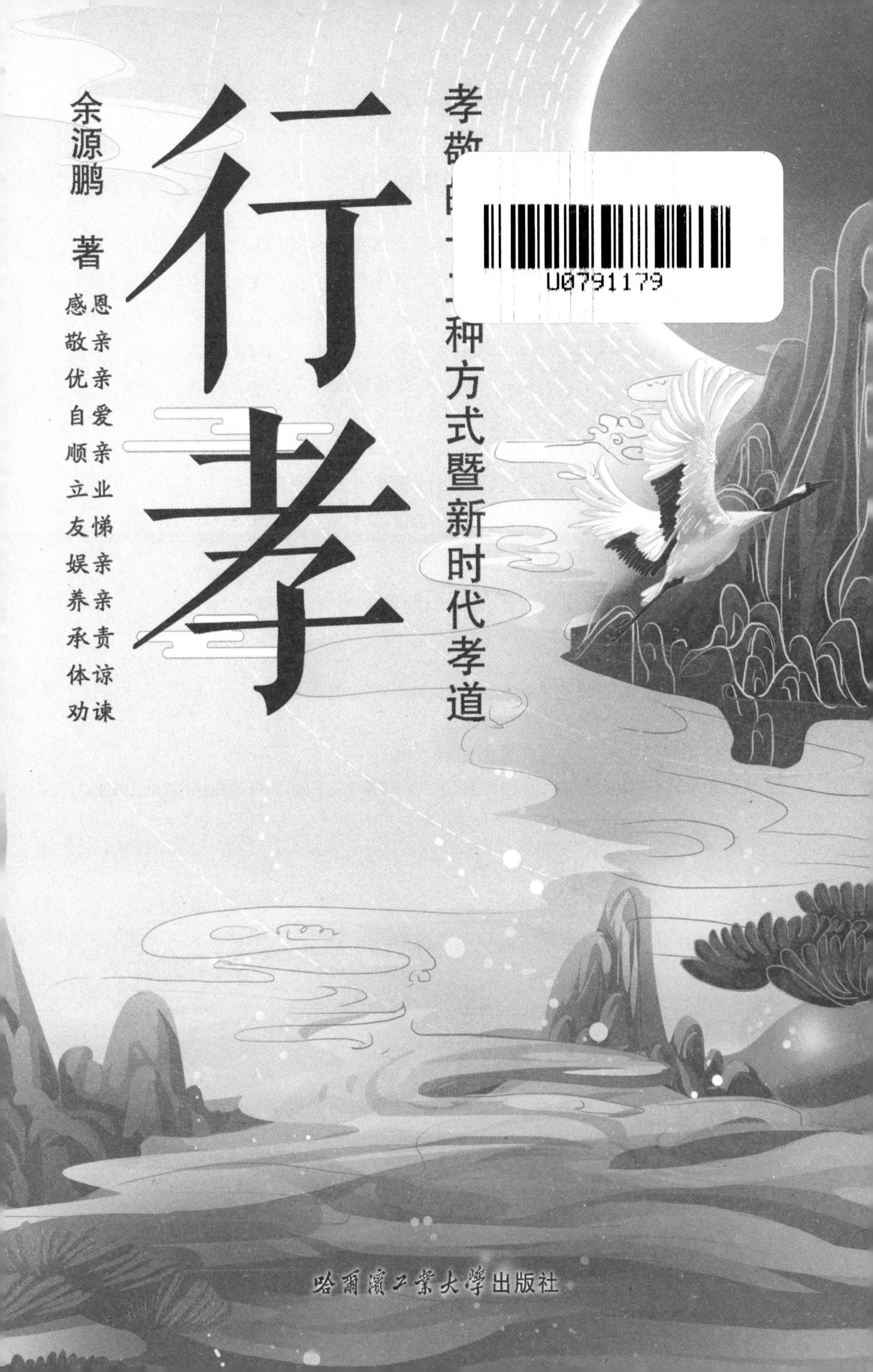

行孝

孝敬的十二种方式暨新时代孝道

余源鹏 著

感恩
敬亲
优亲
自爱
顺亲
立业
友悌
娱亲
养亲
承责
体谅
劝谏

哈爾濱工業大學出版社

内容简介

本书先对二十四孝故事进行务实新颖的阐释，在讲明人为什么要行孝后，给孝敬的对象圈定了范围——就是自己的生养人！指出要对生养人的付出有个公平合理的回报。接着按照从主要到次要、从精神到物质等顺序，守法尊德、理性客观地展开撰写了孝敬的十二种方式，并摘用经典古籍中适应新时代现状和要求的文句进行同步诠释，行文清晰亲切，可操作性强。

图书在版编目（CIP）数据

行孝：孝敬的十二种方式暨新时代孝道 / 余源鹏著
.-- 哈尔滨：哈尔滨工业大学出版社，2022.3（2025.9 重印）
ISBN 978-7-5603-9919-5

Ⅰ.①行… Ⅱ.①余… Ⅲ.①孝 - 文化 - 中国 - 通俗读物 Ⅳ.① B823.1-49

中国版本图书馆 CIP 数据核字（2021）第 279650 号

行孝——孝敬的十二种方式暨新时代孝道
XINGXIAO——XIAOJING DE SHIER ZHONG FANGSHI JI XIN SHIDAI XIAODAO

策划编辑　李艳文　范业婷
责任编辑　王晓丹　付中英
出版发行　哈尔滨工业大学出版社
社　　址　哈尔滨市南岗区复华四道街 10 号　邮编 150006
传　　真　0451-86414749
网　　址　http://hitpress.hit.edu.cn
印　　刷　哈尔滨起源印务有限公司
开　　本　889 毫米 ×1 194 毫米　1/32　印张 4.75　字数 63 千字
版　　次　2022 年 3 月第 1 版　2025 年 9 月第 5 次印刷
书　　号　ISBN 978-7-5603-9919-5
定　　价　28.00 元

序：新时代孝道的内涵

新时代孝道是指紧贴新时代家庭情况，遵循法律法规，秉承公平公正和男女平等的原则，以生育人（生育和抚养自己成长的人，主要为父母）为孝敬的对象，以“善待生育人”为最基本的出发点和方式方法，立足于子女感恩回报生育人时在时间、精神、体力、资金等方面的投入与生育人生育养育子女时在时间、精神、体力、资金等方面的投入相对等，同时提倡生育人的关爱和子女的敬爱相对等。

生育人，包括生和育之人，就是生育小孩和抚养小孩的人。生育子女的人主要是母亲。抚养子女的人就是指小孩从出生到长大成人（18 周岁或完成学业）养育他的人，主要包括父母、外公外婆、爷爷奶奶，以及其他投入大量时间、大量精神、大量体力和大量资金养育该小孩长大成人的人。

百善孝为先，百孝则以善待生养人为先。

善待生育人是新时代孝道最基础的出发点和方式，

要求青少年对待生育人要心怀善意、多做善举，让青少年从小知晓生育人的付出，懂得感恩并适当做出回馈，学会尊敬、尊重生育人，学会与生育人沟通、相处，学会关心问候、理解体谅生育人，并逐渐承担起家庭和人生责任，从而有效降低生育人养育子女时在精神上的付出，增加生育人养育子女在精神上的收益，让生育人获得更多的愉悦和健康的身心，同时也让青少年收获内心的愉悦与安定，有助于他们的学习和成才。

新时代孝道吸收我们古代有关孝道的精华理论，让青少年通过阅读图书《行孝》来了解新时代孝道的理念和方式方法，突出精神上要优待生养人，物质上要优先供养生育人，并从小开始践行孝道，从而融洽亲子关系，化解家庭矛盾，使人民身心更加健康，进而形成互爱、互敬、积极、和谐、向上的家风，满足人民对幸福美好生活的期盼，改变生育子女是一件投入高而收益又不可控的事情的现状，让生育人因为有更多的获得感而促进生育率，为建立和谐、公正、文明的社会打下坚实基础。

余源鹏

2024 年 11 月

前　言

七年前，我打算开办一个面向少儿的“感恩孝亲培训班”，并已经做好了八节课的教程和课件。

当时觉得，**大量的家长把自己的孩子送去上各种早教、艺术、英语和学科培优班，却明显忽视了一个关乎自己利益的问题——子女如何看待家长的付出，以及子女以什么样的态度和行为对待家长。**这是一个生育养育子女与子女如何感知回馈的问题，一个关于孝道*的问题。

我相信大多数家长也都意识到这个问题的重要性和必要性，都知道“百善孝为先”的大道理。但我们学校的教育及社会和法律却没有给出详细的指引，大多数人只能依靠家庭教育、依靠地方风俗、依靠道德

*《现代汉语词典》对“孝道”一词的释义指奉养父母的准则。本书作者认为，孝道应是孝敬生养人的理论、方式和方法。

舆论等进行主观意会，凭感觉行事。有些人只知道等父母老了要赡养父母，知道等父母老了要多陪伴父母，知道等父母生病了要带父母看医生，贴心一点的知道要让父母开心、欣慰等等，还有人认为孝道就仅仅是祭拜祖先。殊不知，**践行孝道是伴随人成长从小到大一生都该做的事情。**

出现这个问题，主要是因为之前我们对于孝道的研究极度匮乏。我们看到最多的还只是古代的二十四孝图和故事，以及儒家的《孝经》，还有《弟子规》《三字经》等启蒙读物。虽然孝道作为中华文化的重要组成部分，传承了两千多年，而且做人的道理其实跟科技发展没多大的关系，但古代的经典作品和理论存在一些封建统治思想和迷信思想，存在不适合新时代中国人民生活方式、经济发展和社会制度的地方，我认为这可能就是学校教育没有普及《二十四孝》和《孝经》的原因。

于是，孩子与家长其实对“孝道”多少都存在理解的片面性、分散性，缺乏主次和顺序，甚至还有曲解和封建迷信等。还有些人连孝敬的对象都未必能弄清楚，更别说如何做才算尽孝了。

辞书之祖《尔雅》认为“善事父母为孝”，就是说，善于用正确的方式方法对待父母就是孝道。本书就是要探讨孝敬的正确方式、方法和思想、理念，探讨适应新时代的孝道，写就“新孝经”。

“感恩孝亲培训班”的课件沉淀了七年，也让我对此又观察、思考、实践了七年。终于在今年，我觉得可以做个系统的表述了。于是再次提笔，用纯文字的方式，从二十四孝的故事分类和全新阐释入手，来系统阐述孝敬的对象与十二种方式。

本书在阐述人为什么要行孝后，给孝敬的对象圈定了范围——就是自己的生养人（而不一定只有父母）！因为生是母亲，养却可以有不同的人。（当然本书所说的生养人是合法的养育，非法的拐卖行为就要另当别论了。）要感恩回报，就要精准行孝，要对生养人的付出有个公平合理的回报，要懂得养恩大于生恩，懂得时间、体力、精神的付出大于资金的付出等等！

对于如何孝敬，我认为，在生养人年老而需要赡养、扶助、侍疾之前，子女都需要从小知道感恩和报恩，知道生养人每个阶段的需要和子女不同人生阶段力所能及的孝行，是一个子女从少儿到成年，与生养人从青、中、老年同步互动的过程。不能等生养人老的时候、不在世的时候，才去惆怅——“子欲养而亲不待”，或“父母在人生尚有来处，父母去人生只剩归途”……

接着我从主要到次要、从精神到物质、从一般情况到特殊情况，按时间的先后顺序，展开撰写了孝敬的十二种方式，并适当摘用《孝经》和《弟子规》等经典古籍中适应新时代的现状和要求的文句进行同步诠释。这十二种孝敬的方式，依次是：

方式一，感恩而敬爱最重要；（感恩、敬亲）

方式二，良好的礼貌和态度；（优亲）

方式三，爱护自己的身心；（自爱）

方式四，让生养人不操心；（顺亲）

方式五，努力学习和积极工作做出成绩；（立业）

方式六，兄弟姐妹和睦相处不争斗；（友悌）

方式七，赞美关心问候与祝愿行礼；（娱亲）

方式八，做力所能及的事并赡养扶助是基本的义务；（养亲）

方式九，如何正确对待生养人的批评与顺应其要求；（承责）

方式十，理解与体谅是必备的能力与素养；（体谅）

方式十一，建立良好沟通方式与如何进行劝谏；（劝谏）

方式十二，慎终缅怀而追远。（善后）

为了方便读者记忆，我在每种方式的后面用括号对内容加以概括，排列起来就是感恩、敬亲、优亲、自爱、顺亲、立业、友悌、娱亲、养亲、承责、体谅、劝谏和善后。

我把感恩列在最前，是因为一切孝道的源头，都始于“感恩”，有了感恩才会有敬爱，才会经常关注、揣测生养人的精神和生活需要，才可能像生养人当初大爱无私地养育自己一样对待生养人，以至于在生养人面前愿意收敛脾气以尊敬他们，甚至愿意默默承受、转化委屈以愉悦他们。**没有感恩、没有尊敬，就没有本书所讲的“孝敬”，就只剩下法律要求的赡养的义务，那就跟孔子说的——与养狗养马没有什么区别了！**

本书撰写时有以下几个特点，或者说是原则：

第一，秉承公平公正原则，充满正能量。

本书观点立足于生育养育和感恩回报的对等性，秉承公平公正原则。同时也使生养人的关爱和子女的敬爱相对等，充满爱的正能量。

第二，角度新颖，时代感强，紧贴现实生活。

本书先将二十四孝的故事进行分类讲解，剖析其中封建迷信的成分，给读者以全新的学习和甄别角度。

书中所引用的《孝经》《弟子规》等典籍的原文，都摒弃封建统治的思想，摒弃男女不平等的思想，只采用符合现实社会和生活状况要求的精华。

第三，注重一般情况和特殊情况，可行性强。

本书充分考虑每个家庭和个人的不同情况，讲述一般情况的同时，也列举特殊情况。而且行文中对“必须做好”和“努力做好”两种要求做出清晰的表述，具备良好的可执行性。

第四，创新观点多。

本书创造性地分析“人该对谁行孝？”以及“人该对谁行孝多一些？”两个似乎自古就没有探究的问题。在罗列分析孝敬的方式的时候，创造性地突出精神赡养，突出人生全过程性的行孝。其中，爱护自己的身心、让生养人不操心、努力学习和积极工作做出成绩、如何正确对待生养人的批评与顺应其要求、理解与体谅是必备的能力与素养、建立良好沟通方式与如何进行劝谏、慎终缅怀而追远等方面的研究，往往是一般人讲孝道时所忽略的问题。

第五，逻辑严谨，引经据典，合法守德。

本书撰写条理清晰、逻辑性强。对于“孝敬的方式”，我按照从主要到次要、从精神到物质、从一般情况到特殊情况以及从时间的先后顺序等逻辑，展开撰写了孝敬的十二种方式。

对每个观点，做到观点清晰，不含糊，且采取适当引用典籍、法律法规和现实生活案例一起作为佐证的方式来论证观点的正确性、合法性、合理性和可行性。

第六，行文清晰亲切，简明易懂，老少皆宜。

本书行文亲切、清晰，着笔肯定，直截了当，轻松简明，老少皆宜。对所引用的古籍原文，都加以清晰的解析，也不多引用一句不适合的话，适可而止。

了解到这样的方式方法，还需要大家一起去践行孝道，就是“行孝”了。需要指出的是：一时行孝易，长期行孝难；一事行孝易，一生行孝难。但想想当初生养我们的人，把我们养育成人的过程所付出的时间、精神、体力、资金，就不会觉得很难，而是很自然的行为。让我们一起共勉，感恩回报，尽力而为。

另外需要指出的是，“孝”字，一方面，是“子”背着“老”，可以看成是子女把奉养老人的责任担在肩背上。但我要说的是，另一方面，“孝”字也离不开“老”，也需要老人用爱心养育好子女。所以，“孝”字其实也包含了生养人对子女是否用心尽责抚养，是否关爱子女的一面。**“孝”字呈现的是一个双方良性互动的结果。一方尽责用心付出，另一方则因感恩而敬养。**

当一个家庭呈现出互爱互敬、尊老爱幼、和谐积极的风气时，以孝道为纽带的长幼之间的良好家风就建立了。于是大家可以看到，良好的孝道在长幼之间传承后，近可以形成家族乃至宗族美德的传承，远则形成了中华民族及中华文明的传承。

我立足当下，力求符合新时代生活和社会道德的思想要求，以现行法律法规作为依据，并全面吸收了古人的思想精华，对孝道形成了“一家之言”。既然本书要作为行动指南，就要求撰写时观点明确，公平公正，绝不含糊不清、模棱两可（如果那样就可能没有可操作性），书中不免存在错漏，或者观点也存在值得商榷的地方，也欢迎读者通过电子邮件来信进行雅正，以推进孝道的研究和实践。在通往孝敬的光明正道上，本书不能说是顶峰，但可以做一块向上攀登的基石！

最后我想说，如果本书让您找准了孝敬的对象，了解了孝敬的正确方式方法，形成了孝道的正确观念，让您孝敬生养人更有着力点，使您的生养人因此而获得更多的愉悦健康，能解答您心中的一些疑惑，能化解家庭长幼关系的一些矛盾，甚至能排解掉您多年积累于心的在孝亲方面产生的心理问题（如排解掉您认为的不可理喻，觉得不公平，认为对您不够好，积累了怨气，甚至还有愤恨等问题），让您的子女找到与您良好相处的正确方式等等，那么本书就有了它的价值，我定会为此感到欢喜并由衷地祝福您！

届时，也请您将本书推荐给周围的人，特别是亲人阅读。因为只有当您和亲人形成了共同的相处观念，都自觉践行着孝道，才能形成良好的家风，最终您和您的亲人都将为此收获和谐、幸福、欢乐与健康。

余源鹏

2022 年 1 月成文于广州火炉山畔

目　　录

第一章　二十四孝的分类与新解 …………………… 001
1. 因为孝行而获得官位的 …………………… 003
2. 做官前后都行孝如一的 …………………… 004
3. 小时候行孝道长大后有出息的 ……………… 008
4. 两个为父亲着想的少儿 …………………… 012
5. 讲媳孝婆慈的 ………………………………… 013
6. 因孝而获得利益的 ………………………… 016
7. 顺应父母之心行孝的 ……………………… 019
8. 对过世父母行孝的 ………………………… 023
第二章　孝敬的对象 ……………………………… 029
（一）人为什么要行孝 …………………………… 029
1. 没有生养人就不会有自己的出生与成长……029

2. 与生俱来的亲切感 …………………………… 030
3. 因感恩而回馈 ………………………………… 030
4. 人比动物更高级 ……………………………… 031
5. 给后辈做示范 ………………………………… 031
6. 能获得社会的认可，是古代为官的基本条件 ………………………………………………… 032
7. 能获得内心的愉悦和安定 …………………… 035
8. 是天经地义般的品行 ………………………… 035
（二）人该对谁行孝 ………………………………… 036
1. 生的功劳主要归于母亲 ……………………… 037
2. 养的功劳主要看时间、体力、精神和资金的付出 ……………………………………… 037
3. 法律规定的抚养与赡养义务 ………………… 039
4. 本书所讲的养育和孝敬的概念 ……………… 042
5. 不是所有亲人都需要对其赡养和行孝 …… 042
6. 子女能否不赡养没抚养自己的父母 ……… 043
7. 孙辈是否需要赡养祖辈 ……………………… 044

8. 儿媳需不需要赡养公婆 …………………… 046
（三）人该对谁行孝多一些 ……………………… 048
1. 养恩大于生恩……………………………… 049
2. 时间、体力、精神的付出大于资金的付出
…………………………………………… 051
3. 用心、严厉型抚养的付出大于溺爱、
放纵型抚养的付出 ………………………… 053
第三章　孝敬的方式 ……………………………… 057
方式一　感恩而敬爱最重要……………………… 057
方式二　良好的礼貌和态度……………………… 062
1. 要有礼貌 ……………………………………… 062
2. 耐心听讲 ……………………………………… 062
3. 清晰交流 ……………………………………… 063
4. 谦让三分 ……………………………………… 064
5. 语气温和 ……………………………………… 064
6. 和颜悦色 ……………………………………… 064
7. 不能蔑视 ……………………………………… 065

8. 诚恳认真 …… 066
方式三　爱护自己的身心 …… 069
方式四　让生养人不操心 …… 073
1. 尽量让自己保持安康 …… 073
2. 自己的位置要让家长知道 …… 073
3. 父母命，行勿懒 …… 074
4. 节省非必要的支出 …… 075
5. 了解家长喜好和厌恶的事物 …… 076
方式五　努力学习和积极工作做出成绩 …… 078
方式六　兄弟姐妹和睦相处不争斗 …… 081
方式七　赞美、关心问候与祝愿行礼 …… 087
1. 真挚赞美 …… 087
2. 关心问候 …… 088
3. 节日祝愿 …… 089
4. 行礼鞠躬 …… 090
5. 使其开心 …… 091
方式八　做力所能及的事并赡养扶助是基本的义务

……………………………………………… 093
1. 帮忙做事 ………………………………… 093
2. 优先供养 ………………………………… 094
3. 多多陪伴 ………………………………… 095
4. 扶助侍疾 ………………………………… 096
5.《新版二十四孝行为标准》分类 ………… 097
方式九　如何正确对待生养人的批评与顺应其要求
……………………………………………… 100
1. 始终对生养人诚实且忠诚 ……………… 100
2. 当生养人批评责骂我们时 ……………… 101
3. 当生养人希望获得帮助时 ……………… 102
4. 当生养人的要求超出我们的能力时 ……… 103
5. 当生养人侵犯到我们的合法权益时 ……… 104
方式十　理解与体谅是必备的能力与素养……… 107
方式十一　建立良好的沟通方式与如何进行劝谏
……………………………………………… 111
1. 与家长建立良好的沟通方式 ……………… 111

2. 家长有不当行为时该不该进行劝谏 ········ 112
3. 人可能出现的三种不当行为 ················ 114
4. 可能出现违法行为就有必要劝谏 ··········· 116
5. 对家长进行劝谏的正确方式 ················ 118
方式十二　慎终缅怀而追远 ······················ 122
1. 怎样才能算尽责事亲 ······················· 122
2. 慎终 ·· 123
3. 缅怀 ·· 125
4. 追远 ·· 127
附录　本书涉及的重点名词 ······················ 131

第一章

二十四孝的分类与新解

当我们游走在祖国各地，也许在某个城市公园里，也许在某个自然景区里，也许在某个乡镇村落里，也许在某个户外墙体的砖雕、木雕、石雕上，也许在某个宗祠里，也许在某个庙宇里，也许在某条古街巷旁，不时就能看到传统的“二十四孝图”。

大多数成年人都会觉得“孝”是件正确且重要的事，所以通常会走过去看几眼。又因为二十四孝图里描绘有生动的人物和动植物，所以小孩也喜欢围观，身旁的大人自然也趁此机会对小孩进行孝道的教育。

二十四孝图对应着二十四个有关孝的德行（“孝的德行”以下简称“孝行”）的故事。内容丰富的二十四孝图旁边还会有文字注解。

《二十四孝》原名《全相二十四孝诗选集》，最先是一本成文于元朝的启蒙教养读物，据说是由郭居敬选辑，由王克孝绘成图，称颂上至舜帝下到宋代的黄庭坚等(主要是汉代和晋代)二十四个真实人物的孝行。

大家会发现，这些图画所描绘的内容跟当地的历史人文并没有必然的联系，至少其人物和故事不会全部发生在当地。另外，这些图画所讲述的故事中有不少存在着封建糟粕思想（容易误导少儿），有许多已不适应新时代大众的实际生活。所以，二十四孝的故事在正规学校教育体系里是不学的。

由于目前有关“孝道”的教育材料实在乏善可陈，而二十四孝的故事却流传久远，因此在讲述“孝敬的对象与方法”前，我们有必要首先对二十四孝的故事进行分类探析，看看这些故事能分为几种类型，从当下科学的角度该如何去阐释，并以此作为本书后续章节内容的例证。

1. 因为孝行而获得官位的

二十四孝的人物中很大部分都是当官的。当官的这些孝子中，有一部分是因为孝行而获得官位的。如远古《孝感动天》的虞舜，据说他的父亲、继母和异母弟弟多次想加害他，但事后他仍对父亲恭顺，对弟弟慈爱。尧帝听说舜非常孝顺，便把两个女儿娥皇和女英嫁给他，后来还传帝位于他。

又如东汉《行佣供母》的江革，在战乱中，背着母亲逃难，后受雇佣打工供养母亲，自己贫穷赤脚，而母亲生活甚丰，在汉明帝时被推举为孝廉，在汉章

帝时又被推举为贤良方正，任五官中郎将。

汉朝没有科考，孝廉是汉武帝时设立的察举制考试，察举“善事父母、做事廉正”的人做官。汉武帝以后，从中央到地方各级政府官吏多为孝廉出身，被视为仕宦之正途。举孝廉者往往被任为“郎”。“孝廉”这个称呼，也变成明朝、清朝对举人的雅称。

2. 做官前后都行孝如一的

二十四孝中有些人物是做官前后都行孝（“行孝”，动词，指践行孝道）如一的。其中地位最高的，除了舜外，还有《亲尝汤药》的汉文帝刘恒。他是刘邦的第三子，以仁孝闻名于天下。他母亲患病三年，母亲所服的汤药，他都要亲口尝过后才放心让母亲服用，经常夜晚目不交睫，衣不解带，服侍左右。汉朝提倡孝道，褒奖孝悌，以孝治天下。不仅官员做官先举孝廉，就连刘恒能成为皇帝，“行孝”也起到积极的作用。汉代皇帝多以“孝”为谥号，刘恒为孝文帝，表明了朝廷的政治追求和对“孝”的推崇。

又有春秋时期《百里负米》的仲由（孔子的弟子），他早年家中贫穷，自己常采野菜为食，却从百里之外

背负米回家侍奉双亲。后来父母去世，他也做官发达了，但常常怀念双亲说：“即使我想吃野菜，为父母亲去负米，也已经无法做到了。”因为他是孔子的得意弟子，得到孔子赞扬，故事被载入《孔子家语》。不过，我觉得其实他的孝行在“二十四孝”里不算很突出，算是孔子帮他做了宣传。

再有宋代《弃官寻母》的朱寿昌，据说他七岁时，生母刘氏被嫡母（父亲的正妻）嫉妒，不得不改嫁，几十年母子音信不通。后来他在朝做官，四处寻找生母的消息，得到线索后，竟弃官到陕西寻找到了生母。

还有北宋《涤亲溺器》的黄庭坚（著名诗人兼书法家），说他从小侍奉父母无微不至，每天亲自倾倒并清洗母亲所使用的马桶，后来当了大官还如此。据说他母亲有洁癖，受不了马桶的异味，或许当时奴婢没及时来，他就亲自动手了。他的这个行为被人知道后，不少名流写诗称颂了他。我估计他这么做几次是有的，但也不可能经常干。他是达官显贵，社会贤达，写诗称颂的人也不排除有拍马屁的嫌疑。当然这也算是一种自我包装吧！

更加“重口味”的是南北朝时期齐国《尝粪忧心》的庾黔娄，他任县令期间，得知父亲病重，医生嘱咐他说：“要知道病情吉凶，只要尝一尝病人粪便的味道，如果味苦就表示好转。”于是他就去尝父亲的粪便，发现味甜。于是内心十分忧虑，据说还夜里跪拜北斗星，乞求以身代父去死。现在科技发达了，人们再也不必“尝粪辨病”了。但庾黔娄的一番孝心却也足以映照千古。

3. 小时候行孝道长大后有出息的

这类的故事大多比较具有童真童趣，适合介绍给小朋友。

如三国时期吴国《怀橘遗亲》的陆绩，他六岁时随父亲到九江谒见袁术。袁术拿出橘子招待时，陆绩往怀里藏了两个橘子。临行时，橘子滚落地上。袁术嘲笑道：“陆郎来我家做客，走的时候还要怀藏主人的橘子吗？”陆绩回答说：“母亲喜欢吃橘子，我想拿回去送给母亲尝尝。”袁术见他小小年纪就懂得孝敬母亲，十分惊喜。而陆绩成年后，博学多识，通晓天文、历算，成为科学家。

还有最著名的，因《三字经》中“香九龄，能温席”而被传颂的东汉江夏《扇枕温衾》的黄香。他九岁丧母，时常感知父亲养育他的辛劳，酷夏时他用扇子为父亲扇凉枕席再让父亲睡觉，寒冬时先上床，用身体为父亲温暖被褥再让父亲睡觉。据说黄香少年时即博通经典，文采飞扬，长大后在东汉安帝时任魏郡太守，曾经尽其所有赈济受水灾的民众。

还有西晋时琅邪临沂《卧冰求鲤》的王祥，传说他生母早丧，继母不养他，常在其父面前数说王祥

的是非，还总是让他打扫牛棚。一年冬天，继母生病想吃鲤鱼，但河水冰冻无法捕捉。王祥便赤身卧于冰上，忽然间冰化开，从裂缝处跃出两条鲤鱼。王祥喜极，捉住鲤鱼回家奉养继母。二十余年后，王祥从温县县令做到大司农、太尉。

王祥去冰河上抓鲤鱼应该确有其事，但依靠体温融化冰块未必有效。用工具砸开冰窟窿，冰层下的鱼会聚集过来，甚至跳出冰面呼吸，这是北方渔民冬天捕鱼的常用方法。我想，王祥也许当时在用工具砸冰窟窿时身体比较热，而且为了抓住跳出冰面的鲤鱼，又不让衣服被水弄湿，于是他干脆把衣服全脱下，赤身趴下去抓。他的这一行为被人看见了。等他做了大官，朝廷也欣赏孝子，这个故事自然传播就更广了。至于他的继母，我猜想，多少对他还是有养育之恩的，也可能他是奉父亲之命去抓鲤鱼的。但不论奉谁之命，都反映了他的孝心和孝行。

再有是三国时江夏《哭竹生笋》的孟宗。传说他少年时父亲亡故，母亲年老病重，医生吩咐要用鲜竹笋做汤治病。而当时是严冬，没有新鲜竹笋，孟宗无计可施，独自一人跑到竹林里，扶着竹子哭诉起来。不久，他忽然听到有地裂声，只见地上长出数根嫩笋。孟宗大喜，采回做汤，母亲喝了后果然病愈。后来他官至司空。我想，因孝心而把竹子哭得生出笋来，这违背自然常识。因此，他要么可能是用了晒干的竹笋，要么刚好赶上冬末初春时节竹林里开始长出鲜竹笋，也可能是他自己给自己编造了故事，好去做官，毕竟当时孝行是受人推崇的（东汉时，曹操和孙权就曾被举孝廉而出道做官）。

4. 两个为父亲着想的少儿

这两则故事的主角同样也是孩童，虽然孝行昭著，但由于是冒着身体和生命的风险为父解难，其行为未必是父亲所赞同的。

其一是晋朝濮阳《恣蚊饱血》的吴猛，他幼年母亲早逝，由于家里贫穷买不起蚊帐，他父亲常常因蚊虫叮咬而睡不好觉。每到夏夜，吴猛总是赤裸上身坐在父亲床前，任蚊虫叮咬而不驱赶，希望蚊子喝饱了就不再去叮咬父亲。

其二是晋朝河南顺阳《扼虎救父》的杨香。他十四岁时随父亲到田间割稻，忽然跑来一只猛虎，把父亲扑倒叼走。杨香为救父亲，全然不顾自己的安危，急忙跳上前，用尽全身气力扼住猛虎的咽喉。猛虎终于放下父亲跑掉了。当时的太守为表彰他的孝勇还赠送了谷物给他。

5. 讲媳孝婆慈的

东汉四川广汉《涌泉跃鲤》的庞氏，她的婆婆喜欢喝六七里之外的江水，还爱吃鲤鱼。于是，她需要经常去挑江水回来。一次因风大，庞氏取水晚归，她的丈夫姜诗怀疑她怠慢母亲，就将她逐出家门。可庞氏没有离开，而是寄居在邻居家中，昼夜辛勤纺纱织布，将积蓄所得托邻居送回家中孝敬婆婆。婆婆受到感动，

命令儿子姜诗将其请回。传说庞氏回家这天，院中忽然喷涌出泉水，口味与江水相同，而且每天还有两条鲤鱼跃出。从此，庞氏便用这些供奉婆婆，不必远走江边了。这则故事的亮点在于“涌泉跃鲤”这样神奇事件的发生，实际上也是人们对媳孝婆慈行为的推崇。

还有一则故事，其画作经常让游客和观众感到有些难为情，讲的是唐代河北博陵**《乳姑不怠》**的唐

夫人，她的婆婆长孙夫人因年事已高，牙齿脱落没法嚼东西。唐夫人每天盥洗后，用自己的乳汁喂养婆婆长达数年。长孙夫人病重时，将全家大小召集在一起，说：“我无以报答儿媳妇之恩，但愿将来子孙的媳妇也像她孝敬我一样孝敬她。”后来，唐夫人的孙子崔山南做了高官，果然像长孙夫人所嘱咐那样，孝敬祖母唐夫人。

这两则故事没有单方面地颂扬儿媳妇的孝敬，而是在称颂良好的婆媳互动的关系。

6. 因孝而获得利益的

汉代汝南《拾葚异器》的蔡顺，他少年丧父，当时正值王莽之乱，又遇饥荒，只得拾桑葚充饥。这天遇到赤眉军，义军士兵厉声问道："为什么把红色的桑葚和黑色的桑葚分开装在两个篓子里？"蔡顺回答说："黑色的桑葚供老母食用，红色的桑葚留给自己吃。"赤眉军因为怜悯他的孝心，不仅没为难他，还送给他三斗白米和一只牛蹄子，命他带回去供奉母亲。这则故事看似在称颂蔡顺，其实也在称颂赤眉军。它告诉人们，孝敬这件事是人之常情，不论地位高低，或是职业如何。行孝可以得到全社会的普遍认可。

又有春秋时期《鹿乳奉亲》的郯子（有说是鲁国人，有说是山东郯国的国君），他的父母年老患眼疾，需要饮鹿乳疗治。郯子顺承亲意，披着鹿皮混进鹿群中挤取鹿乳，有一次差点被猎人射杀。其实郯子差点被猎人射杀这件事纯属偶然，并不是他之前就预见到的。所以不能认为他是冒着生命危险去为父母挤取鹿乳。他只是为了尽到赡养父母的义务而做出些有创意的行为而已（创意就在于披着鹿皮混进鹿群）。郯子这么一件小事，被列入二十四孝中，完全是因为郯子曾经给孔子以指导，算是孔子的老师。可能经过孔子及孔子的弟子们的传播，他的孝行被较多的人知道罢了。

还有晋代河南隆虑《埋儿奉母》的郭巨，说他原本家道殷实，父亲死后，他把家产分作两份全部给了两个弟弟，而留下母亲归自己供养。后来家境逐渐贫困，没办法养太多人，所以他和妻子商议："儿子可以再有，母亲死了不能复活，不如埋掉三岁的儿子，节省些粮食供养母亲。"当他们夫妻去挖坑时，在地下二尺处忽见一坛黄金，上面写着"天赐郭巨，官不得取，民不得夺"。夫妻喜得黄金，便回家孝敬母亲，当然也就能继续养儿子了。

仔细想来，这个故事违背人伦，虽然列入二十四孝，也在许多的景区和展馆里有所展示，但都受到众人的指责甚至责骂。我在此处介绍，目的就是想给读者分析其中蹊跷的地方。第一，郭巨养儿和养母未必不能兼得；第二郭巨自己提出要埋儿奉母，他老婆应该不会同意的，不可能夫妻同去挖坑；第三，他有可能挖到金，但绝对不可能金上还写有"天赐郭巨"的字。因此我猜想，最大的可能是，郭巨得到这一坛黄金，要么是在他分家前自己私自留下的，要么是他无意间获得的，但为了使其他人不跟他争夺，就编造出一个至“孝”的故事，还编造了“天赐郭巨”这样的字。在“以孝治天下”的晋代既能获得广大官民的赞誉，同时还能保留下他的黄金，过上他的好日子。

7. 顺应父母之心行孝的

春秋时期鲁国《芦衣顺母》的闵损，也是孔子的得意弟子，据说他生母早死，父亲娶了后妻，又生了两个儿子，继母不时虐待他。冬天，继母给两个弟弟用棉花做冬衣，却给他穿用芦花做的棉衣。一天，父亲出门，闵损牵车时因寒冷打战，将绳子掉在地上，估计是出现什么意外，使得他遭到父亲的斥责和鞭打。此时，衣服里的芦花顺着打破的衣缝飞了出来，父亲才知道闵损受到了虐待。父亲返回家中，要休逐后妻。闵损跪求父亲饶恕继母，说：“留下母亲只是我一个人受冷，休了母亲三个孩子都要挨冻。”父亲十分感动，就依了他，饶恕了继母。从此，继母也对待他如亲子。

其实，闵损的继母无非是稍有区别对待几个孩子而已，还不算虐待，毕竟还是给闵损做了衣服的。闵损的孝，其实是他懂得顺从父亲的意愿（他父亲想休逐后妻，应该仅仅是做个表面态度而已，再说家里确实也不能没有这个继母），二是闵损还懂得报答继母的养育之恩（不管他继母用什么材料做衣服，毕竟也是付出了劳动的）。

在二十四孝里，我最推崇的人物，则是春秋时期楚国《戏彩娱亲》的老莱子。他自己耕种于蒙山南麓，侍奉父母无微不至。最难得的是，他七十多岁时，双亲还在世（估计也有九十多岁了）。他时常身穿彩衣，手持拨浪鼓如小孩子般在父母面前戏耍，以博父母开怀。有一次为双亲送水，自己进屋时跌了一跤，为了让父母消除不必要的忧虑，他索性装作是故意跌倒，躺在地上学小孩子的娇态啼哭起来。父母果然被他逗得开怀大笑。

老莱子对父母的关怀和爱护不是表面的吃穿住行，而是洞察并取悦父母的内心。他在父母面前装孩童的模样，一来是陪伴父母；二来是娱乐父母，而不是在一旁做其他事（比如现代人在看手机）；三来是让父母觉得老莱子还年轻，不必为老莱子的身体状况担忧；四来是消除父母自身觉得已经老了的忧虑（因为如果

老莱子老了，那作为父母也一定更老了）。所以，**他看似返老还童的反常举动，却暗含着孝的至高境界，不仅孝顺，而且满足父母内心的需求。**而他能做到这点，我想跟他七十多岁的生活阅历和理解能力也是分不开的，毕竟他自己应该也有这方面的心理需求。

二十四孝中还有一个春秋时期鲁国**《啮指痛心》的曾参**，他的故事很巧合，只能算是唯心主义，却算不上是“孝”的行为。故事简单来说就是因为那时候没有电话和微信，有一天他上山砍柴，家里来客人了，他的母亲想找他，一时心急就用牙齿咬了手指（估计是来者不善，母亲才出此下策）。曾参心灵感应到了，就背着柴迅速返回家中，然后母子相见，估计母亲也平安无事。故事仅此而已。他能被列入二十四孝中，我想还是因为他是孔子的得意弟子，世称“曾子”，相传他著述有《大学》《孝经》等儒家经典。《二十四孝》的作者可能觉得曾子著了《孝经》，估计也很孝敬父母，于是就将他的这个传说很牵强地归入二十四孝，把他也列为二十四孝的代表人物之一了。

8. 对过世父母行孝的

东汉时期山东千乘《卖身葬父》的董永，为了换取他父亲的丧葬费用，便卖身给一富家为奴。神奇的是，有一天，他在上工路上巧遇一女子，并与她结为了夫妇。传说该女子是天帝之女，她以一个月的时间织成三百匹锦缎为董永抵债赎身，之后便凌空飞走了。这个故事的后半部分，应该是人们为了对董永卖身葬父的行为加以褒扬而创作的神话故事。

又有东汉时期河南河内《刻木事亲》的丁兰。相传他经常思念已故父母的养育之恩，并用木头刻成双亲的雕像，对待雕像如父母在世时候的样子，比如每日三餐敬过双亲后自己才食用，出门前一定禀告，回家后一定面见。有一天因为丁兰回家看见木像眼角垂泪，一问，得知是他妻子好奇用针刺了木像的手指（据说手指还滴出了血），于是一气之下就把妻子给休了。这个故事在前面"刻木事亲"部分还算正常，毕竟许多家庭虽然没有"刻木"，但还是有设置牌位供奉的。后面部分就比较传奇了。我猜想，或许当时只是为了休妻并突出他的孝行而编造的故事吧？将他的故事列入二十四孝，可能有两个目的，一是树立一个孝敬过世父母的典型，二是告诫妇女要孝敬公婆，是一个警告型的故事。但故事中木像"垂泪""滴血"的描绘则当属神话。

还有魏晋时期山东营陵《闻雷泣墓》的王裒，当他的父亲被司马昭杀害后，他就终身不面向西坐，表示永不做晋臣。又传说他母亲在世时就害怕打雷。在母亲去世后，每当雷雨天气，他就跑到山林中，跪在母亲坟前安慰母亲说:“裒儿在这里,母亲不要害怕。”这个故事反映了王裒在父母过世后的孝行，看来十分感人。只是他父母是否能感知他的孝行,则不得而知了。

这三则故事其实是想教导世人，对待过世的父母也应该行孝。行孝的方式，一是要做好丧葬，二是要缅怀父母，三是最好能“事死如事生”，至少在清明节或寒食节该拜祭一下。

以上是最传统的元朝时编撰的二十四孝故事，后来的朝代多少还有所增加。纵观这些孝的故事，大多会涉及一些官员的孝行（因为官员的事迹容易被记录和宣传，不少官员还是因孝得官的），有几个涉及孔子的弟子和老师的倒显得比较平常（只是因为儒家有记录，儒家的著作多受到封建王朝的认可），还有赞扬婆媳和睦相处的，也有记录在有继母的家庭里如何和谐相处的，另外的故事则大多宣扬平民百姓能因孝而获得利益的。

包括二十四孝的故事在内的我国古代到当代的种种孝行故事，大家所了解的都比较散乱，除了让大家觉得践行孝道很正确、很有益之外，大多让人无所适从，也没有标准，似乎做对了可能有人赞扬，没做对也没人知道。中国大地上，许多地方都印刻有“孝”字，也到处宣传“百善孝为先”，但却极少有系统的梳理和比较科学合理的阐述。

下面，就让我们在二十四孝的故事的熏陶下，根据当今新时代的家庭生活方式、伦理道德、法律法规，回归人性本身，以科学的眼光来系统探讨到底人为什么要行孝，要对谁行孝（孝敬的对象），以及如何行孝（孝敬的方法）等三个重要问题。

心得随记 Experience Notes

第二章 孝敬的对象

（一）人为什么要行孝

我们在探讨人该对谁行孝之前，还应该首先探讨人为什么要行孝。

人会行孝，究其原因，有的是天生自然的，而有的则是因为行孝会对自身有利，总结起来主要有以下几点原因：

1. 没有生养人就不会有自己的出生与成长

每个人都有父母，又有养育自己长大的人。养育自己的人一般是父母，或是爷爷、奶奶、外公、外婆，也可能是其他人。没有父母就没有自己的出生；没有养育自己的人，就不会有自己的成长。

2. 与生俱来的亲切感

对于父母，因为有血缘关系，自然都会感到亲切。

对于养育自己的人，不断地给自己以物质上的养育、时间上的陪伴、精神上的关怀、身体上的照顾，是人都会产生亲切、亲近、亲爱的感情。一般人也会想让养育自己的人过得好一点。

3. 因感恩而回馈

举个例子，如果你是一名学生，有的同学借给你一块橡皮，那下次他要向你借一把尺子，你一般是会借的；长大后，有朋友请自己吃了两顿饭，于是，你会想有机会也要请他吃一顿。

这些看似相互帮忙、相互交换的行为，实际上也是一种感恩与报恩的过程。如果我们不懂得感恩与回报，那同学和朋友就会渐渐离开你。

我们对同学朋友尚且如此，那对于长年累月对自己无私付出的生养我们的人，是不是也该有所回馈呢？对生养人的回馈，就是行孝！

当然，这种反馈不一定就是物质的，但一定是充满善意的！

4. 人比动物更高级

古人发现，小乌鸦会反哺它的父母（回报），小羊羔会跪着喝乳（尊重），就有了**“乌鸦反哺”“羊羔跪乳”**这样的成语。

日常生活中，主人养只小狗，小狗会主动帮主人看家护院。人类饲养的许多小动物，那些小动物见到主人，要么很开心，要么很亲近，却不会主动反咬主人一口。

也就是说，动物都会亲近养育它的人，何况人是高级动物，悟性更高，感情更丰富，应该更具有回报生养人的意识和行为。

5. 给后辈做示范

我国有句俗话，叫“屋檐水，点点滴”，就是形象比喻父母是否孝敬祖辈对将来子女是否孝敬父母的影响。这句话告诫人们，**子女会模仿父母的言行，**

有其父母便有其子女，特别是在行孝这种行为上。

有一则叫《劝姑孝祖》的故事，讲的明朝时浙江绍兴有一户人家，童养媳刘兰姐看见婆婆王氏经常冒犯她祖母，骂祖母为“老不死”。一天深夜，刘兰姐来到婆婆的房间长跪不起，说：“儿担忧婆母不敬太婆母，日后媳妇将视为榜样，待您老了，也把您视为‘包袱’，那时您会多么伤心啊！太婆母长命百岁是我家的大幸，恳求您三思而行呀！”婆婆王氏听后恍然大悟，痛改前非，从此对待祖母温柔恭顺。

6. 能获得社会的认可，是古代为官的基本条件

古代中国，孝行作为推荐考核官员的基本要素，受到朝廷的大力宣扬，也得到民间的广泛认可。

汉代通过“举孝廉”来推举官员，还推选“孝悌力田”者，奖励有孝敬父母、和睦兄弟的德行，以及能努力耕作的人，中选者经常受到赐爵、赐帛或免除徭役的优抚政策。

在两晋时期，入仕做官的人必须先经过中正评品，即所谓“乡邑清议”，如有不孝的污点，中正这一关就通不过。有一个官员因为在服丧期间吃肉，被人检举后，朝廷下令三十年不得任用。

唐朝时也曾设立“孝悌力田”选用人才为官，还免征父母服丧期间的劳役赋税，称为“孝假”。

宋朝时朝廷大力褒奖孝行，据说一时孝子辈出，不少孝行甚至壮烈得惊人。

元朝的统治者是游牧民族，淡化了对官员行孝的考核。

明朝开始又大兴孝道，洪武六年还曾经罢科举，举贤良方正、孝悌力田、孝廉、耆民（六十岁以上德高望重的人）等为官。明朝以诸多养老的政策教化平民尽孝；并对老人赐以布帛，授以爵位，还让他们议政、理民诉讼、宣教民众等，特别明文规定八十岁以上的老人由官府赡养。明朝的这一举措，使得南方部分地区修建宗祠、编撰族谱、合族祭祀及宗法制度盛行。

清代法律也规定，对于不孝甚至残害父母的应予以严惩，另一方面则是旌表孝子。清代皇帝还经常封赠臣子的父母、祖父母或其配偶，借此提倡孝道，笼络臣子的心。雍正时曾规定，凡是犯死罪但因为是独子必须赡养父母的，可以予以宽刑。雍正时期还举孝廉方正，赐六品服备用。以后清朝每遇皇帝即位就荐举一次。

综上可见，我国封建王朝推崇孝道，一是归拢民心臣心（因为人一旦生养小孩后，都会觉得让子女行孝这是件正确且极其重要的事），二也以此选拔人才。

封建王朝中，有不少皇帝力推儒家著作《孝经》。《孝经》认为朝廷可以“以孝治天下”，认为官员和人民在家若能尽孝，在朝廷也能尽忠。这是一本为帝王提出治国方案的书，其出发点是封建帝王的统治利益，所以历代帝王才加以推崇。

不可否认，封建王朝推行符合人伦的孝道，对凝聚民心、优化社会风气起到了一定的正面作用。

7. 能获得内心的愉悦和安定

其实人行孝最大的好处，不是说要在“举孝廉”时出仕做官，也不是为了得到别人的赞赏，或他人的帮助，或得到赠予。

人行孝最大的好处，应该是获得心理的愉悦和安定。都说“百善孝为先”，行善者心自然安乐。心理的愉悦和安定，也是许多宗教的修行目的，而人只需要行孝，就能轻易获得。有了这样的心理状态，再去生活、工作，去社会交往，去追求理想，自然内心都会踏实些，做事有力量些！

8. 是天经地义般的品行

《孝经》第七章“三才”里写道，子曰：“夫孝，天之经也，地之义也，民之行也。”

意思是孔子说，**孝敬父母的道理，就如天上日月星辰的运行规律，地上万物的生长规律，天经地义，乃是做人最为根本首要的品行。**

所以行孝不用谁强调，每个人都应该自觉执行。

（二）人该对谁行孝

有了人的本性、社会的认可，及学校的教育等因素的结合，大部分人都觉得自己需要行孝。只不过，到底该对谁行孝，却未必是清楚的，或者认为这似乎是个没必要探讨的问题。

大多数人会觉得，人该对父母行孝。大部分的典籍也都把行孝的对象指向了父母。

也有部分典籍用“亲”来指代行孝的对象。这里的“亲”，除了父母，还有亲人的意思，似乎还可以包含爷爷奶奶、外公外婆等人。甚至还有人认为，人需要对长辈行孝。

本书认为，人需要行孝的对象，只能是对自己从出生到长大成人做出贡献的人，实际上就是“生”和“养”自己的人！

1. 生的功劳主要归于母亲

首先，在“生”自己这件事上，应该把几乎全部的功劳归功于母亲一人，因为母亲十月怀胎，分娩疼痛，损耗巨大。大部分母亲生了小孩后，还要全身心地照看、喂养孩子，花费了大量的时间、精神和体力。当然，许多父亲在母亲怀孕期间也会精心照料母亲，小孩出生后也是忙里忙外，帮助母亲或家人照料小孩，买各种用品，聘请月嫂、保姆，也需要花费时间、资金及精神等。所以从这个角度看，在“生”这件事上，主要的功劳归母亲，大部分的父亲也都有力所能及的付出。

2. 养的功劳主要看时间、体力、精神和资金的付出

在“养”这件事上，就看出生后，谁养育了自己，谁为自己安全、健康地成长投入了时间、体力、精神和资金（这就是我们常说的，小孩是“谁”带大的），这样的人就是我们该孝敬的人。

当然，在小孩成长过程中，一般可能主要由母亲、父亲、爷爷、奶奶、外公、外婆等主要直系的长辈养育；也有可能某段时间（比如上小学或初中时）寄养在某个亲戚的家中，比如姑姑、姨舅家的；以前也有不少家庭因为生育子女多，经济又困难，然后把孩子送给其他亲戚或外人的，那么这个孩子后来就是由领养人养育长大的；古代还有由哥哥嫂嫂养育年幼的弟弟妹妹的，那么哥嫂就是这些弟弟妹妹的养育人。

这样的养育人，在上学期间，学校以“家长”称呼；在法律用语来说，就是小孩的“监护人”。

需要注意的是，养育自己的人起码要持续几个月时间，而且是比较尽心的，或者是在自己落难的时候出手相助的。如果只是临时到亲戚家做客，吃个饭，住个十天半个月的，应该不能算；还有像月嫂、保姆等领取工资，专业从事保育行业的人，一般也不能算。

另外，作为学校的老师，其基本的工作是“教”，而极少有老师还去“养育”学生。教师的职责是教书育人，并获取相应的劳动报酬。教师是小孩成长过程中经常面对的一个职业群体，这跟月嫂、保姆的性质相似。我们只需要对其尊重就好，无须对其行孝。

3. 法律规定的抚养与赡养义务

我们先看下 2021 年 1 月 1 日起实施的《中华人民共和国民法典》关于抚养与赡养义务的规定：

第一千零六十七条　父母不履行抚养义务的，未成年子女或者不能独立生活的成年子女，有要求父母给付抚养费的权利。

成年子女不履行赡养义务的，缺乏劳动能力或者生活困难的父母，有要求成年子女给付赡养费的权利。

第一千零六十九条　子女应当尊重父母的婚姻权利，不得干涉父母离婚、再婚以及婚后的生活。子女对父母的赡养义务，不因父母的婚姻关系变化而终止。

第一千零七十一条　非婚生子女享有与婚生子女同等的权利，任何组织或者个人不得加以危害和歧视。

不直接抚养非婚生子女的生父或者生母，应当负担未成年子女或者不能独立生活的成年子女的抚养费。

第一千零七十四条　有负担能力的祖父母、外祖父母，对于父母已经死亡或者父母无力抚养的未成年孙子女、外孙子女，有抚养的义务。

有负担能力的孙子女、外孙子女，对于子女已经死亡或者子女无力赡养的祖父母、外祖父母，有赡养的义务。

第一千零七十五条　有负担能力的兄、姐，对于父母已经死亡或者父母无力抚养的未成年弟、妹，有扶养的义务。

由兄、姐扶养长大的有负担能力的弟、妹，对于缺乏劳动能力又缺乏生活来源的兄、姐，有扶养的义务。

我们先对以上几段法律规定中出现的“抚养”“赡养”和“扶养”等词解释一下：

抚养，主要是父母、祖父母、外祖父母等长辈对子女、孙子女、外孙子女等晚辈的抚育、教养。

赡养，主要是成年子女对父母或晚辈对长辈在物质上帮助和生活上照顾。

扶养，主要是指对社会关系中的“弱者”（同辈亲属）所发生的经济供养和生活扶助。比如上面兄弟姐妹之间就用扶养一词。

大家也可以看出，上述法律表述的顺序是抚养在前，而赡养在后！换句话说，受到抚养的人，长大成人了，也就有赡养抚养人的义务。从法律层面来看，赡养是在血缘和抚养关系的基础上建立的一种回报式的义务。这跟本书所讲的要孝敬“生养人”的理念是一致的。

4. 本书所讲的养育和孝敬的概念

本书所讲的“养育”和“孝敬”的概念内涵要比法律规定的“抚养”和“赡养”要丰富，毕竟法律规定的是最基本的要求。

本书认为，**“养育”主要包含了物质上的喂养、安全上的保护、身体健康上的照顾，以及品德礼仪、生活常识、生存技能的教育，还有时间上的陪伴和精神上的关怀等。**

本书所要探讨的“孝敬”的方式更丰富，简单来说是指子女因感恩生养人的生养之恩，对生养人从精神、物质和生活起居、身体健康等多方面进行回报的行为，对比“赡养”义务而言更加突出了对生养人在包括“敬”和“爱”等内在精神层面上的特殊优待。

5. 不是所有亲人都需要对其赡养和行孝

正如不是所有的亲人都会养育我们一样，作为感恩回报，我们也不需要对所有亲人都行孝。

如果只对没有生养过我们的人行孝，那只会让真正生养我们的人心寒！对于没有养育过自己的亲戚和长辈，我们只需要尊重或者尊敬他们，却没有对这些亲戚长辈行孝的义务。

6. 子女能否不赡养没抚养自己的父母

父母未履行抚养子女的义务，子女能否主张免除赡养义务？

针对这一问题，最高人民法院在《中华人民共和国民法典婚姻家庭编继承编理解与适用》一书中明确指出：需要根据父母未履行抚养义务的原因分情况处理。

情况一，如果父母确因经济能力或者其他客观原因未能履行抚养义务，子女成年后主张免除赡养义务的，法院不予支持。

情况二，如果父母具有抚养能力而拒不履行抚养义务，或者对子女实施虐待、遗弃等行为，情节严重的，可以免除子女的赡养义务。

举个例子，如果小孩未出生或出生后，父亲离开了家，此后既没有在时间、体力和精神上对小孩进行付出，也没有给抚养资金，那么，这个小孩长大后是没有义务赡养这个父亲的，也就不需要对这个父亲行孝。

即使小孩身体里有父亲的基因，但从出生到长大成人，该父亲不是完全没有抚养能力，却没有尽到抚养义务，即便中途回来看了几次，或者带出去吃了几顿饭，带去游乐园玩了几次，那都只能说，该父亲算亲人，却不能算“生养人”。

7. 孙辈是否需要赡养祖辈

从《民法典》的规定来看，父母有抚养小孩的义务，赡养爷爷奶奶是父亲的义务，赡养外公外婆则是母亲的义务。

《民法典》第一千零七十四条也指出：

有负担能力的祖父母、外祖父母，对于父母已经死亡或者父母无力抚养的未成年孙子女、外孙子女，有抚养的义务。

有负担能力的孙子女、外孙子女，对于子女已经死亡或者子女无力赡养的祖父母、外祖父母，有赡养的义务。

换句话说，没有特殊情况时，祖辈没有抚养孙辈的义务，孙辈也没有赡养祖辈的义务。

但如果小孩出生后，经常是爷爷奶奶或外公外婆来帮忙带小孩，从感恩回报的角度说，这小孩就应该孝敬帮忙养育过自己的祖辈。

而对于没有（或很少）养育自己的祖辈，小孩也必须尊重他们！因为没有他们的生和育，就没有小孩的父母的生长，何况敬老是我国的传统美德。

另外，小孩长大后在有余力的情况下，也可以帮助或代替父母向祖辈行孝。小孩这样做主要为了“帮助”父母，是在对父母行孝，让父母轻松点、开心些。

8. 儿媳需不需要赡养公婆

在我国古代，一般汉族妇女的地位依附于男人。丈夫娶了妻子，妻子就成为夫家的人，而不属于原生家庭（不过也有少数民族保留着母系氏族的婚姻制度，像云南西双版纳的傣族和广西、贵州部分苗族、侗族还有丈夫当上门女婿的，而且要帮女方家干家务活）。

在四川高山上的上里古镇，我见过一座清朝时期的“双节孝坊”。**“节孝”，就是贞节和孝顺，封建王朝用于表彰长年守妇道且孝敬公婆的妇女。**据说“节孝坊”旁边还会修建有旌表节孝妇女的祠堂（可能是都拆了，我至今在国内只在湖南黔阳古城里见过一个“节孝祠”）。要知道古代妇女既不能当官，也不能入祠堂，大概只有“节孝”才能留名乡里了。也就是说，中国封建社会里是要求妇女对公婆行孝的。

中华人民共和国建立后，男女平等，妇女也顶半边天。**在我国法律中，没有规定公婆对儿媳有抚养义务，也没有规定儿媳对公婆有赡养义务，并**

且一般情况下，儿媳对公婆的遗产也没有继承权！

也就是说，从法律的规定来看，儿媳没有赡养公婆的必要义务，正如丈夫也没有赡养岳父岳母的必要义务一样。

但儿媳必须尊重公婆，丈夫也必须尊重岳父岳母，这是辈分的问题。而且，既然结为夫妻，妻子就有义务协助丈夫对“生养”过他的人行孝（至少是赡养），而丈夫也有义务协助妻子对“生养”过她的人行孝（至少是赡养）。

进一步讲，当你像关爱自己的父母一样关爱对方父母的时候，对方也可能感恩而关爱你自己的父母。

再进一步讲，**当夫妻生育孩子后，对于帮忙养育自己孩子的人，夫妻都应该对他们感恩而回报，都应该赡养并尊敬他们——因为不论夫妻双方哪方的父母，其实也都没有必然的义务来抚养孙辈。**

综上所述，公婆不能苛求儿媳一定要孝敬自己，因为儿媳只是协助儿子赡养自己！作为公婆，应该礼貌、客气地对待儿媳，如果能像对待儿子一样慈爱地对待儿媳，那就更加完美了。就像前面二十四孝里《涌泉跃鲤》和《乳姑不怠》两则故事，不仅在颂扬儿媳的孝敬，其实也在称颂良好的婆媳关系，婆慈与媳孝是相互作用的结果。

（三）人该对谁行孝多一些

前面说了，我们需要行孝的对象，就是“生和养”自己的人！在人生长过程中，“生”有母亲，“养”却可能有不同的人。在这些养育过自己的人当中，并不是每个人的付出都是均等的。

我们孝敬生养我们的人，也不可能平均分配“能力”。那我们该如何分配有限的时间、精神、资金、体力等“能力”，去对谁孝敬多一些，而对谁孝敬少一些呢？

这是一个行孝的比重问题。如果对那些养育我们付出较少的人去付出较多孝敬的“能力”，那样就可能令为生养我们付出很多的人感到失落。

要确定孝敬比重，就需要对孝敬的对象进行分析，以这个人在我们的生长过程中所付出的时间、体力、精神和资金的比重来决定。

简单来说，**对生养自己付出多的人，我们自然就该对其多行孝！**下面跟大家一起探讨下，我们都该对谁行孝多一点。

1. 养恩大于生恩

为什么说，养恩大于生恩呢？因为人的生长过程中，从出生以后到走上社会的时间，比在母体里的时间更长，需要养育者付出的时间（陪伴、看护）、精神（关注、操心）、体力（孩子小的时候要经常抱着，要为了接送而来回奔波）、资金（吃穿上学）要多得多。

如果有的母亲生了小孩后，不久就离婚而离开了小孩，小孩主要由父亲带大。那么这个小孩长大后，除了该记得母亲十月怀胎生育及离婚前对小孩的付出外，绝大部分的行孝应该给父亲。

我们还经常看到一些小说、电视的剧情，说一个孩子从小由养父母养大，等这个孩子长大成人了，他的亲生父母跑来相认了。此时，可能养父母经济条件比较差（比如因为带这个小孩而失去工作赚钱的机会），而亲生父母的经济条件比较好（比如因为不用带这个小孩而获得更多工作赚钱的机会）。这时候，不论他选择跟哪家父母一起生活，也不论他的亲生父母是否给他亿万家产，他正确的做法还是应该根据自己成长过程中（不是工作过程）双方父母在时间、体力、精神和资金上的付出比例，来确定将来他要孝敬谁多一些。很显然，将来他对养父母行孝要更多，陪伴时间要更长，应该更要从精神、体力和资金等方面对养父母付出更多。这里我们说的是正当途径的收养，非法的拐卖行为就要另当别论了。

当然，也有人会觉得这对亲生父母当初不负抚养义务，不值得这个孩子对其行孝。根据前面的法律解释我们不难得出结论：如果这对亲生父母是把小孩遗弃、丢弃的，是对小孩的生命安全不负责的，那么前面生养的恩情也就烟消云散了，这个孩子将来可以认也可以不认这对亲生父母，没有必要赡养他们，自然也没有必要孝敬他们了；而如果这对亲生父母是把小孩托付、赠予给其他人家的，对小孩的生命安全是负责的，甚至留下力所能及的资金给寄养人家，那么这个小孩将来还是应该对这对亲生父母行孝的，不过此时小孩应该把更多的时间、精神、资金、体力用于孝敬养父母。

2. 时间、体力、精神的付出大于资金的付出

对于贫困或接近贫困的家庭来说，一来获取资金比其他家庭难度要大得多，二来资金和物质是保障抚养小孩的基本条件。因此，对于这样的家庭，“赚钱”可能比“带”小孩更难、更重要。有些村镇的孩子被留给祖辈带，父母都出去打工，就是这样的情况。曾有电视节目采访一些贫困山区的孩子，问他们努力读书的目的是什么，许多孩子都说是为了让家长不用那

么辛苦去劳作、去打工赚钱！

2020年，我国现行标准下农村贫困人口实现脱贫。对于大部分家庭，特别是经济条件较好的城市家庭来说，“带”小孩远比赚钱“养”小孩要难得多。首先，带小孩需要长时间地、精神高度集中地照看，有时连睡眠都不能保证。其次，婴幼儿需要抱，要给小孩做吃的，上学了要接送，这些需要体力和时间。再次，带小孩的人责任重大，无法单独脱身远走，实际上就没有什么私人的时间出去休闲或工作。

所以，年轻夫妻如果一直自己带小孩，就会影响工作甚至没有工作，影响发展，于是便往往靠父母来帮忙。许多父母毫无怨言地帮忙带小孩，可青年人却没有感恩之心，就算有时间，也宁愿跟朋友出去聚会、玩手机，而不愿自己多带小孩，以减轻父母的精神和体力负担。

就目前的城镇家庭来看，在抚养小孩过程中，以时间、体力、精神作为付出的“带”小孩，比

出去工作“供”小孩要难得多。比如现在有的城镇家庭，母亲留在家中带小孩，父亲出来工作养家，如果晚上或周末放假了父亲还不多陪伴小孩、不带小孩的话，那长此以往，可以认定，在生养小孩这件事上，这家母亲比父亲付出的要多得多。

3. 用心、严厉型抚养的付出大于溺爱、放纵型抚养的付出

一个真正对小孩负责的抚养人，一定是一个经常矫正小孩习惯或错误的人，一个经常教育孩子的人，一个用心的人，一个操心的人！

比如当孩子小的时候，负责用心的人会经常教授小孩各种关于安全、健康、卫生、礼貌、礼仪等方面的知识；当孩子有不良行为举止的时候，负责用心的人会及时教导小孩；当孩子上学的时候，负责用心的人会陪伴、监督、辅导学习；当孩子看电视时间过长，或玩手机、平板游戏过久时，负责用心的人敢于跟孩子的不良行为做斗争，及时阻止；当孩子出言不逊、

行为逆反时，负责用心的人会及时批评纠正。

而溺爱、放纵型的抚养人，大多只顾着忙自己的事和休闲娱乐（看手机），忽视孩子在做的不卫生、不健康、不安全、不礼貌、不学习、不用功的消极事务，到头来，小孩糖吃多了蛀牙，电视、手机看多了近视，游戏玩多了心浮躁，功课放松了以后就再也补不上了，考不上好学校也找不到好工作。

《三字经》中有一句：
养不教，父之过。
教不严，师之惰。

意思是说，仅仅是供养儿女吃穿而不好好教育，是父亲的过错；只是教学，但不严格要求就是做老师的懒惰了。

《增广贤文》里也有一句：
严父出孝子，慈母多败儿。

意思是说在父亲严格的管教下，小孩更有出息，更懂事，长大后知道父亲的严格对自己的好处，反过来也更孝顺父亲。而慈母往往娇宠溺爱，放纵孩子的不良行为，发展到后来，小孩也不成才。有这样一个故事，说古代有一个小孩，备受母亲溺爱，他偷了东西，母亲不批评他也不让他把东西还给别人。长大后，他成为一个无恶不作的强盗，最后被官府捉住，并判了死刑。行刑前，他请求见母亲一面。母子相见后，母亲抱着儿子大哭起来。谁知，他一口把母亲的耳朵咬了下来，说："这都是你的错，小时候我做错了许多事，你都不教育我，才会使我落得今天的下场。"

用心、严厉地抚养小孩，不仅要占用抚养人的时间，更是会耗费抚养人的精神，甚至损害抚养人的身心健康。这种付出，相信只有用心抚养过小孩的人才能体会。所以我们经常会发现，有些人经常在他成家生育小孩后，体会到了为人父母的责任和付出巨大后，才懂得感恩，才开始尊敬父母，孝敬父母。

心得随记 Experience Notes

第三章

孝敬的方式

方式一　感恩而敬爱最重要

抚养小孩，不论个人或家庭的条件如何，关键是家长（本书后面，讲到成年子女的生养人时，也用“家长”指代）要对小孩有“爱心”。有了爱心，就会尽心尽力，至少是能用心用力。而子女对家长行孝，同样最好是出于“爱心”，至少也是“关心”和“用心”。

西汉时戴圣编撰的关于先秦礼制的《礼记·祭义》中说道：

养可能也，敬为难；

敬可能也，安为难；

安可能也，卒为难。

意思是说子女践行孝道时，赡养家长可能做到，但尊敬家长却不易做到；尊敬家长可能做到，但使家长安乐无忧却不易做到；使家长安乐无忧可能做到，但自始至终都行孝却不易做到。

《论语·为政》中也记录孔子说：
今之孝者，是谓能养。
至于犬马，皆能有养。
不敬，何以别乎？

意思是说："现在的人啊，以为赡养家长，让家长吃好穿好就是行孝。其实人们养狗养马不也是这样吗？如果不尊敬家长，没有爱心，那孝敬家长和饲养犬马有什么区别呢？"现在有些年轻人，养猫养狗养宠物，可以花费大量心思和时间，表现出极大的爱心、关心，但对生养了自己的家人，却往往漠不关心。

其实两千多年前的先贤们早就发现并总结出**人行孝最基础、最重要的方式——不在于赡养家长，**

而在于态度问题，是需要“敬爱”家长！“敬亲”体现了人的文明和教养程度，是孝道中比“养亲”更高层次的一种孝行。

其实，“敬爱”家长的基础还在于人要感念家长养育的恩情，感念家长照看并陪伴成长的岁月，感念家长买菜做饭、带上下学、带看医生，感念家长工作赚钱然后买吃的、穿的、玩的、学的东西，感念家长那因为操心自己的健康成长而渐渐变老的容颜，感念家长的爱……

只有从感恩出发，人才有“报恩”之心。由报恩出发才会对家长有爱心、关心并用心行孝，才会有行孝家长的其他具体行为。

因为“感恩”，人对养育他的人才会有“爱心”，才会有“尊重”“恭敬”和“真诚”等态度，是子女对家长发自内心的自然情感流露，在赡养家长时才会有不同于饲养动物的态度和行为。

我们常见到，主人养了一只狗，给狗吃肉骨头，盖了间狗窝，给狗洗澡。狗看见主人就会摇尾巴，会表现出对主人的亲密，还会对陌生人吼叫，以提醒主人，并看家护院，但狗通常是不会对主人吼叫的。不仅是狗，许多动物都会对饲养它的人类报以善意。人类作为高级动物，更应该去感受家长对自己的关爱，做到以敬爱之心赡养生养自己的人。

从人性上讲，父母不仅有衣、食、住、行和人身安全健康的物质需求，也有从子女处获得关怀、尊敬等精神需求。

心得随记 Experience Notes

方式二　良好的礼貌和态度

1. 要有礼貌

我们对待同学、朋友、客户、领导、恋人等人，都会讲究基本的礼貌礼仪。那么对待生养自己的人，如果连基本的礼貌礼仪都做不到，那“孝”又从何谈起呢？

这种基本的礼貌礼仪包括：

首先是见面或通电话要先问好，要多用尊称“您”。

其次是要多用礼貌用语，如“谢谢奶奶”“感谢爸爸给我买礼物”“妈妈您辛苦了”“请您帮我……”等等，不能大呼小叫，更不能说粗话！

有些处于叛逆期的青少年，不服家长管教（因为家长为了青少年的健康成长而遏制他们的某些不良行为，影响到这些青少年一时的开心与欲望），常常口出狂言、恣意放肆。这样做的话真是寒了养育者的心！

2. 耐心听讲

我们对待外人尚且有耐心，那么对待生养自

己的人更应该有耐心。

这种耐心首先表现在“父母教，须敬听”，就是家长讲话，教导我们的时候，要耐心听讲，不能随便插嘴或者顶嘴。

等家长年龄大的时候，不论是行动缓慢、反应慢还是说话啰唆，我们都该想想我们幼儿时家长养育自己的耐心，并有个足够的预期，准备充足的耐心，耐心等待、耐心倾听，进行陪伴。

3. 清晰交流

想想家长当年养育我们的时候，需要多少次的重复教导，需要多少时间的陪伴与等候。那么今天，我们对家长说话时，也应该尽量以适当的语速、清晰的发音，并用家长可以理解的词汇与家长沟通和交流。

社会在发展，科技在进步，流行词汇也在更新。当发现我们使用的词汇家长没理解的时候，就需要及时加以解释。但最好还是设身处地使用家长经常跟我们交流时使用的词汇进行沟通。

卖弄新词汇，有时就像故意在家长面前逞能或故意为交流设置障碍一样，其实是对家长的不尊敬！不尊敬，就不叫“孝敬”。

4. 谦让三分

既然小时候，养育我们的人对我们多少是谦让甚至是忍让的，那么长大后的我们也需要对家长礼让三分，比如让家长先走、先吃饭等。

5. 语气温和

日常对家长说话的语气要尽量温和、平和、亲切，不生硬无情。

6. 和颜悦色

温和的语气，加和悦的神情，才能表达我们对家长应有的尊重。

或许有人觉得，家长从小就教导我们，也经常严厉地批评教育我们，当时家长的语气和表情都不好。我们是不是也可以学习这种“严厉”呢？

前面也说了，用心、严厉型的抚养人的付出大于溺爱、放纵型的抚养人的付出。当孩子出现不良的行为时，家长及时加以教导纠正，正是家长对孩子负责任和操心的表现，是关爱孩子的表现！

作为子女，应该回报家长以“关爱”而不是严厉。所以，和颜悦色的表情和态度，才是孝敬家长的正确方式。

7. 不能蔑视

《三字经》讲“对尊长，勿见能”，意思是对待尊长不炫耀自己的能耐。《三字经》说的“尊长”，包括了养育我们的家长和其他长辈。

我们相信，养育我们的家长（包括好的老师）是乐于见到我们有能耐的。因为后辈有能耐，前辈的培养才有成就。

现在社会科技发展速度快，家长的学习能力没有子女强，子女将来会的东西更多。子女炫耀自己的能耐可以，但说话和做事却一定不能表现出蔑视家长的态度。

要知道，小时候是家长毫无保留地将人生宝贵经验传授给了我们。当家长努力把我们托起到尽可能高以后，我们就变得比家长“高”了，此时家长也成为不可或缺的基础！

人可能无法清楚认识未来，但却可以清楚认识自己的过去，知道自己是谁养大举高的，那你就不会对养育你的人趾高气扬、语气轻狂了。

不论社会和科技如何发展，做人的道理其实从来都没有太大的变化。

8. 诚恳认真

对待家长还应该有诚恳且认真的态度。

当我们真心对待朋友的时候，态度就会是诚恳的，何况对生养我们的人呢！

另外，在跟家长交流的时候应该专注些，不要经常同时思考其他问题、看电视、看手机、回信息。不专注的本身也是不诚恳的态度。

以上对待家长的八种正确态度，都是建立在感恩基础之上的“敬爱”家长的基本行孝方式。

相信大多数的家长对子女最基本的期待，首先是子女能给予其精神上的回报，就是子女会感念家长的养育与付出的恩情，并由此给予家长区别于其他人在态度上的“特殊优待”。**这种态度上的“特殊优待”，即是“敬爱”家长的正确诠释，是比赡养家长高等级的孝行，是发自内心的感恩后的真情流露。**

《孝经·圣治》中指出：

不爱其亲而爱他人者，谓之悖德；

不敬其亲而敬他人者，谓之悖礼。

意思是说：“不爱生养自己的人，而去爱别人，那就叫违背道德；不尊敬生养自己的人，而去尊敬他人，那就叫违背礼义。”其实这里讲的，也就是我们要给予生养我们的人以“特殊优待”。

心得随记 Experience Notes

方式三 爱护自己的身心

《孝经·开宗明义》中引述孔子的话：

身体发肤，受之父母，
不敢毁伤，孝之始也。

就是说人身体的每一根毛发和每一寸皮肤，都是父母给予的，应当谨慎爱护，不能主观毁伤，这是实行孝道的开始。

这里孔子讲人的身体是父母给予的，主要说的是母亲在怀孕和生小孩时的付出。但孔子只说了一小部分。**人身体的生长，更多的是出生后，由养育者照看以及喂养形成的。**

家长付出了大量的精神、体力，并消耗了长年累月的时光以及资金，才将我们养育成人。可以说，绝大多数的家长都是倾注爱心、用心付出的，家长首先期盼的，是小孩能健康成长，且身心健康，而并没有太多考虑小孩将来会如何回报自己的付出。

既然我们的身心，是“生和养”的人共同养育的成果，那么我们爱护自己的身体，拥有积极乐观的态度和心境，就是对生养人的“劳动成果”的保护，是使家长放心、安心、心情愉悦的基础，是为人子女的一种责任！因此，我将爱护自己的身心列为“孝敬的方式”的第三条，作为重点提醒。

由此推导出，主动吃有营养的健康食物，不吃“垃圾”食品，保养好胃口，不因乱吃喝而损害身体，这是爱护自己的身体的基本行为。比如小孩吃零食、喝饮料，可能造成没胃口吃正餐；比如小孩吃很多糖，早晚不刷牙，可能造成蛀牙；比如小孩长时间看电视玩手机，可能造成眼睛近视；等等。这些可能伤害到小孩身体的行为都会让生养人操心。

爱护自己的身体，还要通过主动预判，让身体不涉危险，最基本的就是少儿不私自去水边，遵守交通规则等；作为成年人，出去旅行时不能贸然涉险，工作中也要首先保障自己的身心安全、遵守各种生产劳动的安全行为规范等等。

《孝经·纪孝行》中还有一段话：

事亲者，居上不骄，为下不乱，在丑不争。

居上而骄则亡，为下而乱则刑，在丑而争则兵。

三者不除，虽日用三牲之养，犹为不孝也。

意思是说："古代作为孝子，要做到三不。一是身居高位，要不骄不傲，否则，骄傲者可能遭受败亡；二是为人下属，悖乱可能会遭受刑罚；三是同等地位的同辈同僚之间，要友好相处，不友好则可能会引来争斗。这三种行为，都可能影响安全。这三种行为不除，即使每天用三种牲口的肉来奉养父母，老人依然会忧虑担心子女的安全，这样做子女也属于不孝啊。"

古人已经关注到，子女令自己处于安全的境地，保护好自己的身心健康，是一种重要的孝敬行为。

古代还有一句俗话，叫"自古忠孝不能两全"，意思是说可能人为了国家的利益去工作，甚至从军抗敌，而没有时间或精神去陪伴亲人及孝敬家长。当祖国领土遭受侵犯时，挺身而出打击侵略者，最终也是在保护家人，其实也是在尽孝。而其他职业，绝大多数工作本身是没有危险的。

心得随记 Experience Notes

方式四 让生养人不操心

孝敬生养人的方式，排名靠前的都是精神上的“赡养”，就是要使生养人舒心、安心，不生气、不担心，少花精神体力等，简单地说，就是让生养人不操心，具体的方式包括以下几个方面：

1. 尽量让自己保持安康

前面讲的爱护自己的身心，让自己平安、健康，本身就是在对生养人行孝——能遂了他们的意愿，自然也能让他们安心、不操心！

2. 自己的位置要让家长知道

《弟子规》讲：
出必告，反必面；
居有常，业无变。

意思是说外出时，要告诉家长去哪里；回家后还要当面禀告家长回来了，让家长安心。平时起居生活的位置，尽量比较固定或有规律；从事的职业或者工作，也要让家长清楚，有变化，就要告知，特别是所在的位置。

如果家长不清楚我们的位置，那有爱心、有亲情的家长都是会担忧的。少让家长因我们而担忧和操心，是我们该尽力做到的，何况现在手机微信等联系工具和方式众多，打个电话、发个信息是必要的！

3. 父母命，行勿懒

《弟子规》讲：

父母呼，应勿缓。

父母命，行勿懒。

就是让我们对家长的需求和要求要做即时反应，不能拖拉、拖延，甚至是听而不闻，漠不关心。因为，一旦没反应，家长就会着急和操心，从而影响家长的心情，甚至引起家长的忧虑或愤怒，最终伤害家长的身心健康。

既然家长用心养育我们，我们如果不能回报其恩情，至少也应该做到不伤害家长的心理和身

体。何况仅仅是对家长保持高度的关注，一有需要就马上反应，就算自己做不好、做不到，那只要好好解释，家长也不至于操心而伤害心理和身体。

4. 节省非必要的支出

一旦家长尽了抚养的义务，我们就该感恩知足。

如果我们还是学生，那我们能跟其他同学攀比的只有自己的成绩和健康的身体，而不是衣服是否为名牌，用具和电子产品是否高档，是否坐豪车住豪宅等。要知道，这些物质上的东西的来源，都不是属于自己或同学他们个人的。

《偈颂九十三首》有句：

犬不择家贫，子不嫌母丑。

我们应该立志取得学业上的成绩，研究上的成果。

如果你的家庭是富裕的，那么将来你也要有能力和智力去承接家业；如果你生在普通家庭，那么你应该通过自己的努力去减轻家庭负担，将来改善家庭的经济条件，让生养人能享受更好的物质条件。

我国有句谚语，叫“家贫出孝子”，意思是在家庭贫困的时候，才更容易显现孝顺的儿女。请大家共勉。

5. 了解家长喜好和厌恶的事物

《弟子规》讲：
亲所好，力为具；
亲所恶，谨为去。

意思是家长喜欢的东西和事情，就努力去买、去做；家长厌恶的东西和事情，就尽量不去买、不去做。了解家长喜好和厌恶的事物，就可以令家长更舒心满意，不操心忧虑。

比如说，家长喜欢你学习成绩好，那你就该尽力花时间去学习；家长不喜欢你抽烟，那你最好就不抽烟。

当然，家长的个人喜好也未必完全是正确的。比如家长喜欢喝很多酒，那你可以买些好点的酒，但不需要买很多给他。只要你用心对他好就可以。在后面我们还会讲到如何跟家长保持良好沟通与如何进行合理劝谏等。

心得随记 Experience Notes

方式五　努力学习和积极工作做出成绩

学习和工作，是人生不同阶段的主要事务。

学生时期，能珍惜时间，认真勤奋读书，努力学习并掌握好知识，是为人子女的主要责任，也是家长的期望，是让养育者不操心的一种孝行。不一定要成绩是最优秀的，我们只要尽力就好。

毕业以后，能积极工作，自强独立，尽量能通过工作负担自己的生活费用，最好不用再让家长为自己出生活费（购房购车等贵重商品除外）。当然如果能事业有成，让家长过上更宽裕、优越的生活就更好了。

《孝经·开宗明义》中说：
立身行道，扬名于后世，
以显父母，孝之终也。

意思是说，人应该能在社会上独立自强，从事正规的职业，做正道的事业，并有所建树，如果还能显扬名声于后世，从而使父母更加显赫荣耀，那便是孝行的终极目标了。

如果子女能在学业上或者事业上做出成就，那多少能够证明生养人的付出和培养是正确的、有成果的。如果子女能在正道的事业上建功立业、显扬名气，证明该子女已经有了广泛的影响力，这对生养人来说，不仅生养了成器的子女，还连带享有了子女所带来的荣耀，这在古代就算是“光宗耀祖”了，这对生养人来说，是极大的欣慰，是一种很持久的高级精神享受。

子女努力学习、积极工作，看似是对子女自身有好处，但由于它既能让生养人不操心，还能给生养人带来荣耀及精神享受，所以努力学习和积极工作本身，就是一种细水长流的长期行孝方式！

心得随记 Experience Notes

方式六　兄弟姐妹和睦相处不争斗

兄弟姐妹，可能是相同父母，也可能是同父异母或同母异父。

如果兄弟姐妹闹矛盾，之间伤了和气，这肯定不是家长愿意看到的，会给父母或养育者以压力，会令其操心、生气，没法安心，甚至恐慌。

兄弟姐妹都是父母所生，也可能是相同的养育者所养，如果之间闹矛盾，势必造成家庭的内耗，削弱了家长生和养的成果。在古代，为了争夺王位或皇位，兄弟之间相互残害的例子不胜枚举。比如曹操的二儿子曹丕逼迫弟弟曹植写出的《七步诗》（煮豆燃豆萁，豆在釜中泣。本是同根生，相煎何太急。）就反映了生在帝王家庭里为了争夺至高的权力，兄弟之间相互竞争到无法共存的悲哀与愤慨。

大家看到“孝悌”二字在各种古文中经常连在一起。

《弟子规》开篇就有：

弟子规，圣人训，首孝悌，次谨信。

“悌”就是兄弟姐妹之间的相互敬爱。也就是说，对家长行孝，与兄弟姐妹之间的友爱是紧密相关的。

于是《弟子规》又说：

兄道友，弟道恭。兄弟睦，孝在中。

就是说，哥哥姐姐对待弟弟妹妹的正确做法是行为上的亲近和友爱，而弟弟妹妹对待哥哥姐姐的正确做法是态度上的恭敬。**兄弟姐妹能和睦相处，和乐融融，父母生养子女的成果能最大化，父母自然顺心、舒心。**当父母不操心时，孝道就在其中了！

跟古代帝王家的权力之争不同，普通家庭里兄弟姐妹之间的矛盾，主要就是财产之争，以及对家长有限的资金、精力、时间、体力等资源的竞争。最明显的，是有的家庭重视对男孩的资源投入，而忽视对女孩的资源投入，即所谓重男轻女；也有的家庭因为父母离婚重组家庭，继母或继父对孩子们存在抚养投入的资源不均等之争。这些资源，小到玩具、服装，大到上学的机会、买房或家庭产业的继承等。

其实，如果我们生长在富裕的家庭，那么所谓的财产分配不均无非就只是让我们成为小富还是大富的区别而已，其实基本的物质条件兄弟姐妹都是具备的。不争，我们也能比很多普通家庭的人过得好。

而如果我们生长在相对贫困的家庭，养育者能把我们养大就已经耗尽了毕生的心力和积蓄。把子女养大后，养育者也没有什么资金储备和保障了。在这样的家庭里，我们所要考虑的，不是养育者给予我们兄弟姐妹资源的不公平（因为本身就没什么资源和条件），而是我们该努力为家长做些事以减轻家长的体力和精神负担，长大后多给予养育者以物质的回报。

人出生时本就一无所有，是养育者抚养我们成长。资金和财产，本来就是父母或养育者所拥有的，可能是他们省吃俭用攒下来的，可能是他们辛勤劳动得来的，也可能是他们依靠智慧和机会得来的。但无论如

何，这些资金和财产，都属于生养人，他们可以自己花费，可以捐献出去，也可以分配给子女。只要家长尽了抚养我们的义务，作为子女，应该认可生养人的分配方式，只要他们开心就好。

所以，兄弟姐妹之间，不仅应该和睦相处，更应该不争夺生养人的财产和资源。请记住，不争，就是在行孝！即便你是独生子女也如此。

《弟子规》说：

财物轻，怨何生。

就是说如果兄弟姐妹看淡财物的分配，那么兄弟姐妹之间就没有怨恨（我觉得根本就不应该惦记家长的财物，而应该靠自己的努力去获取）。兄弟姐妹即便不能相互帮助，起码应该和睦相处，不会让父母操心，这本身就是一大孝行。

《弟子规》又说：

言语忍，忿自泯。

意思是说兄弟姐妹之间能够包容忍让，不说坏话、气话，那么不必要的冲突和怨恨自然就会消失。兄弟姐妹之间不说坏话和气话，不主动闹矛盾，不激化矛盾；或者当一方说了坏话，另一方能够出于让生养人不操心的目的，从内心转化掉对方的坏话对自己的影响（忍其实比较难受，但基于对父母行孝的出发点，让自己忽略这些不良的影响，让父母不操心，到头来则可以获得自己的开心），这才是比较正确的行为和选择。

兄弟姐妹之间“不争斗”，就是在努力向生养人行孝，是一件很高级的善事和乐事！二十四孝故事中的《孝感动天》《卧冰求鲤》和《芦衣顺母》等故事的主角，都是顺应继母的心愿，不与继母或继母生的子女争夺，而让自己的亲生父亲宽心、欣慰的例子，是不争斗而行孝的典范。

心得随记 Experience Notes

方式七 赞美、关心·问候与祝愿行礼

前面所讲的孝敬的方式，有对生养人的正确态度、爱护自己的身心、让生养人不操心、努力学习和积极工作、兄弟姐妹和睦相处不争斗等，主要都作用于生养人的精神层面，是为了让生养人体会到舒心、顺心、安心或开心。

赞美、关心问候与祝愿，同样是子女们在感受到家长的恩情后，主动对生养人所做的精神层面上的回报，令家长能感受到子女们是“感恩”的、“敬爱”自己的，且已经有了基本的反馈和报恩行动，从而令家长产生欣慰、愉快等正面心情，以满足父母的精神需求。

1. 真挚赞美

大家都知道，当我们受到他人所表达的真挚的赞美时，我们的心情往往是愉悦的。

作为子女，我们从小到大其实都习惯并渴望获得家长的赞美。这种赞美，也许是家长的一种鼓励，也

许是自己真的取得一些进步或成绩。

反过来，子女赞美家长，则会视作是子女懂得感恩以后的一种主动的回馈家长的行为（就算是刻意地讨好，也是十分善意的）。

子女的赞美，应首先立足于家长为子女所付出的行为上，比如赞美家长做的饭菜很好吃等。其次，应立足于家长所注重的家长自身的优点或努力的行动，比如赞美母亲今天的装扮很有气质，赞美父亲越来越帅，赞美外婆最近唱的歌越来越好听，赞美爷爷养的花草很有生机等等。

2. 关心问候

当子女对家长感恩之后，就会对家长比较关注、关心、牵挂。在见面或联系沟通的时候，就会采用最快速便捷的方式进行问候。

> **《弟子规》讲：**
>
> **晨则省，昏则定。**

其中“省”就是问安的意思，意思是问候家长好，有看望加问候的意思；“定”就是视定的意思，意思是看望家长是否安定了。简单来说，就是当我们成年以后，早上起床做好个人卫生并穿好衣服后去看望一下家长，然后问候一下，说句“早上好”之类的话；晚上自己睡觉前，先看家长是否能安稳地睡觉了（身体健康，房屋制冷或供暖是否达到合适的温度，床和被褥是否准备好，就像家长当年照看我们一样）。虽然我们也不一定每天都对生养人“晨昏定省”，但日常的关心是必要的。

当你与家长分开一段时间后，可以隔段时间跟家长联系一下。联系的目的既是汇报你自身的情况以让家长安心，也是你对家长表达关心，让其感到温暖、欣慰。现在通信很方便，可以打电话、发微信以及视频通话等。

3. 节日祝愿

我们应该在重要的节日记得重要的人——我

们的生养人，并以适当的方式表达祝愿。

首先，中国有不少传统节日是跟家人团聚有关的，这样的节日就算不能跟家长一起过，起码也要跟家长取得联系。如除夕、春节、中秋节、重阳节、冬至等。我国每个民族可能还有其他不同的重要节日。

其次，还有生养人的生日，或父亲节、母亲节等。

在节日里，最基本的做法是通个电话，问个节日好，表达下节日的祝愿，多说点让家长开心的话！

少儿还可以为家长写张贺卡，画幅画，或做件力所能及的事，让家长开心就好（比如做家务、唱首歌都行）。

成年人最好根据自身的能力，送点生养人需要的礼物，或者直接转红包或给现金都可以。让生养人感受到你能感恩，还能报恩，有孝心就可以了。

4. 行礼鞠躬

中国是个礼仪之邦。适当地对生养人行礼，比用语言或礼物更能表达我们对生养人的尊敬。

最简单的礼仪行为就是敬茶倒水装饭夹菜，并辅以尊重的表情和适当的语言，以表达我们对生养人的关注和尊敬。

在春节或生养人生日当天，可以对生养人行“大鞠躬礼”。大鞠躬礼一般是左手压右手，两手拇指尖向前伸出并相碰，同时身体前倾九十度，两手臂如同抱了一个圆鼓，同时向生养人问好。

5. 使其开心

从精神层面上来讲，让生养人安心、放心是孝敬生养人的初级方式，而让生养人愉悦、开心则是孝敬的高级方式。前面二十四孝里《戏彩娱亲》的七十多岁的老莱子就经常想方设法逗父母开心，在他跌倒的时候，还不忘逗父母开心，让父母不担心。

当生养人心情不好的时候，我们需要做的，一是在让他们放心的基础上尽量不要再烦他们；二是从精神和物质方面进行努力，以改善生养人的心情，比如告诉他们有某件好事，或者逗乐，或者开导，或者分散其注意力，或者资金支持，等等。使其开心，我们就是在行孝。

心得随记 Experience Notes

方式八 做力所能及的事并赡养扶助是基本的义务

1. 帮忙做事

在二十四孝故事中，讲了几个从小就践行孝道的孩童，如《恣蚊饱血》的吴猛、《怀橘遗亲》的陆绩、《扇枕温衾》的黄香等。他们虽然是小孩，但由于感念家长抚养自己的辛劳，出于对家长的孝心，想让生养人吃好、睡好，而根据自己的能力做出一些力所能及的事。

所以，行孝不必等到成年，也不应等到家长年老！行孝应该从小形成意识，不论自己处于哪个年龄层，都可以根据自己的能力，在爱护自己身心且注意安全的情况下，抽出时间，随时随地都可以帮助家长做些事务，以减轻家长在精神、体力上的负担，减少家长时间上的投入，比如小孩可以帮家长做家务，帮忙做手工，帮忙做农活，帮忙收拾整理东西，帮忙打扫卫生，帮忙照看弟妹，等等。

2. 优先供养

《中华人民共和国宪法》第四十九条第三款规定：

父母有抚养教育未成年子女的义务，成年子女有赡养扶助父母的义务。

传统孝道就是要从物质上供养父母，即赡养父母，“生则养”，这是子女孝敬父母的最低境界的孝行。要求子女应根据自己的经济状况，尽力满足父母在物质生活上的各种要求，让父母在衣、食、住、行、医，甚至娱乐、旅游等方面均得到保障。

不过，本书要强调的，不仅是对生养人（包括父母）的赡养，而且还有个“优先”供养的问题。

中华传统孝道文化提倡在物质生活上要优先保障生养人，如果有好吃的，要首先让老年的生养人先吃，然后才给自己和其他人吃。如二十四孝中的《行佣供母》《百里负米》《鹿乳奉亲》《拾葚异器》等四个故事，讲的都是成年人对父母首先采用物质上的“优先”供养，让父母吃得比自己好。

当需要赡养的人不止一个的时候，请根据本书第二节讲到的“人该对谁行孝多一些”及实际情况去施行就好。

3. 多多陪伴

对生养人多花时间陪伴，是对生养人在抚养我们的时候投入了大量的时间、精力的回报。

陪伴的方式其实可以有很多种，最简单的莫过于一起生活，或一起做有兴趣的事，比如一起买菜、一起做饭，一起喝茶、一起聊天，一起逛街、一起看电影，一起下棋、一起钓鱼，一起旅游、一起度假，多请教问题，听其讲往事经验，甚至一起带我们自己的子女等等。

陪伴生养人未必就是一件又花时间又无趣的事，陪伴就是让生养人体会我们感恩之后的回报，体会到我们的一份孝心，让其身心健康。

古人还有一句话叫“父母在，不远游”。因为不远游，子女才能陪伴生养人，才能让生养人

不担心，才能及时扶助和侍疾。

4. 扶助侍疾

二十四孝中《弃官寻母》《涤亲溺器》《扼虎救父》等，可看作“扶助”生养人而行孝的故事；而《亲尝汤药》《尝粪忧心》《哭竹生笋》等，则是为生养人“侍疾”而尽孝的故事。

自古以来，历代都有子女在生养人患病时精心侍奉的感人故事。“侍疾”是中华孝道文化的重要内容，是中华民族的传统美德，即生养人生病时，要扶助其及时诊治，精心照料，并多给其生活和精神上的关怀。当代许多受到表彰的“孝亲”模范，大多是长年照料生病的生养人的人，他们大多会放弃自己的工作、娱乐、事业去做这件事，甚至造成自己家庭的贫困也在所不惜，实在值得表彰，堪称楷模。

《中华人民共和国宪法》规定，成年子女有赡养扶助父母的义务。**本书所讲的“赡养扶助”，就比单纯物质、资金上的“赡养”，多了时间、体力、**

精神上付出的“扶助”。其实这样才与当初生养人对我们在“时间、体力、精神、资金”上的付出对等！

5.《新版二十四孝行为标准》分类

由全国妇联老龄工作协调办、全国老龄办、全国心系系列活动组委会于2012年8月13日共同发布的《新版二十四孝行为标准》，其内容主要涉及“做力所能及的事并赡养扶助”的“标准”，现在罗列如下，并把其所属孝行的类型用括号注明。

1. 经常带着爱人、子女回家；（多多陪伴）
2. 节假日尽量与父母共度；（多多陪伴）
3. 为父母举办生日宴会；（节日祝愿）
4. 亲自给父母做饭；（帮忙做事）
5. 每周给父母打个电话；（关心问候）
6. 父母的零花钱不能少；（优先供养）
7. 为父母建立“关爱卡”；（优先供养）
8. 仔细聆听父母的往事；（多多陪伴）

9. 教父母学会上网；（多多陪伴）

10. 经常为父母拍照；（多多陪伴）

11. 对父母的爱要说出口；（关心问候）

12. 打开父母的心结；（使其开心）

13. 支持父母的业余爱好；（使其开心）

14. 支持单身父母再婚；（关心问候）

15. 定期带父母做体检；（扶助侍疾）

16. 为父母购买合适的保险；（优先供养）

17. 常跟父母做交心的沟通；（多多陪伴）

18. 带父母一起出席重要的活动；（多多陪伴）

19. 带父母参观你工作的地方；（多多陪伴）

20. 带父母去旅行或故地重游；（多多陪伴）

21. 和父母一起锻炼身体；（多多陪伴）

22. 适当参与父母的活动；（多多陪伴）

23. 陪父母拜访他们的老朋友；（多多陪伴）

24. 陪父母看一场老电影。（多多陪伴）

可见，本书所讲的孝敬的方式，要比《新版二十四孝行为标准》所罗列的标准多得多，虽然没有那么具体，但也更全面，更分主次。

心得随记 Experience Notes

方式九　如何正确对待生养人的批评与顺应其要求

前面讲了我们要对生养人“尊敬”，并给予其态度上的“特殊优待”，让其不操心，让其心情愉悦，尽量不去增加其烦恼。这些都是我们对生养人精神上的孝行。

虽然我们主观上不想使生养人操心烦恼，但出于生活经验不同、观念不同、立场不同、习惯不同等原因，我们与其多少会产生矛盾。而矛盾一旦产生，如何处理矛盾就要考验我们对生养人的孝心了。处理不好，还会影响彼此之间的感情，甚至使自己处于不孝的境地。

1. 始终对生养人诚实且忠诚

首先，**我们需要再给生养人一个“优待”，就是我们要对其始终诚实且忠诚。**要知道，没有生养人的生和养，就可能没有我们的存在与成长。绝大多数家长对子女的关爱和付出都是无私且尽力的。我们只有对其诚实，不欺瞒他们，才能回报他们的关爱，他们也才能给我们适当的帮助与关心指导，也才不会寒心或恼怒。

2. 当生养人批评责骂我们时

当家长的出发点为了小孩好，而批评甚至一时发怒责罚小孩时，小孩应该首先做自我检查，如果确实是小孩做错了，那小孩必须立刻向家长认错，且态度诚恳，虚心接受批评，承认其批评得对，并立刻改正或改善。

比如作为学生，不完成作业就去玩儿，不洗澡做好个人卫生就去睡觉，家长提醒多次依然不注意安全等，只要是为小孩好的，小孩都应该马上向其发出接受其意见的信息，比如说“好的，多谢您的提醒，我马上就去……”，然后采取行动。

就算我们已经成年，只要生养人的出发点是为我们好，则不论其批评的语言如何过激，如何难听，甚至是他们误解我们，或者他们因判断有误而责备我们，此时，**我们首先需要去关注和感受到生养人语言中关爱我们的内容成分，那么我们就不应在意其言语中负能量的部分，而应该以“敬爱”回应他们。**

这大概也是**《弟子规》“父母责，须顺承”的意思。**

3. 当生养人希望获得帮助时

当生养人出于节省自身时间、体力、精神的目的，而要求我们帮助其做些力所能及的事时，只要我们有时间、有体力、有精神，就该帮忙。比如家长要求小孩做洗碗、拖地、洗衣服、买日用品等力所能及的事，小孩应该尽量马上去做。这就是

> 《弟子规》中所讲的：
> 父母命，行勿懒。

更加值得注意的是，**“孝敬”是单方向的，而“孝顺”则是双向互动的！**“孝顺”的基础还是“敬爱”，但比“孝敬”难度更大，对生养人来说，也更重要。

当生养人需要获得帮助，而向我们发出指令的时候，凡是力所能及且安全的事，都该尽量顺其意去做；实在有困难，或者需要延后的，则可以与其说明、商量，或者再约定时间去做，而不要令其等待、操心、烦恼。

顺着生养人心意，令其顺心、舒心，是比我们主观对其行孝更重要的、更迫切要去执行的孝行。

4. 当生养人的要求超出我们的能力时

比如生养人迫切希望小孩上学时成绩名列前茅，而小孩一时又做不到时（努力学习就好，每个人的天资不一样）；比如生养人迫切希望自己工作时赚很多钱送给他花，或者回老家盖房，或者帮助弟弟妹妹完成学业，而自己又一时做不到时（可能刚工作收入有限，或自己家庭的开支也很大）；比如生养人迫切希望自己能飞黄腾达、光宗耀祖时（有些事情需要时间，需要时机，需要努力，也需要有人相助）；等等。这些生养人提出的超越自己目前努力范围能达到的事情，我们都可以将困难向其坦诚相告，以取得他们的理解与谅解，同时最关键的，也让**他们看到你为此正在做的努力，这就可以了。**

5. 当生养人侵犯到我们的合法权益时

我们孝敬生养人的前提，是生养人对我们出于关爱和保护为我们付出了许多，我们感恩而回馈。

但也不排除有的生养人对子女没有爱心，甚至不保护子女的身心健康和安全。这种情况就要区别对待了，不能“愚孝”！

这方面，我先引述《中华人民共和国宪法》的三点规定：

> 禁止非法拘禁和以其他方法非法剥夺或者限制公民的人身自由；
>
> 父母有抚养教育未成年子女的义务；
>
> 禁止破坏婚姻自由，禁止虐待老人、妇女和儿童。

也就是说，生养人非法拘禁子女，有能力但不尽抚养义务，破坏子女婚姻自由，虐待妇女和儿童等，都是违法行为，所有公民（包括子女）都可以拒绝执行，甚至可以拿起法律武器维权。

当然，这些情况的发生，有可能是出于生养人的无知，有可能是出于生养人的自私，甚至不排除还有**可能出于生养人的恶意！比如，当生养人让子女冒着身体或生命的危险，或者明知违法还指使子女去做某些事时，子女应该拒绝执行，并耐心陈述理由。**

如果生养人是无知的，子女应该谅解；如果生养人是无情、没有爱心的，子女则可以选择减少行孝的程度；如果生养人是有恶意的，则应该首先保护自己身心的安全和健康，并向其他生养人或社会寻求帮助，以保障自己的安全。

在二十四孝故事中，《孝感动天》讲舜的继母想加害他，他没有告诉父亲，而是继续向父亲尽孝；《卧冰求鲤》讲王祥的继母冬天想吃鲤鱼，他冒着受冻的风险去结冰的河里抓鱼。其实，舜可以向父亲或其他相关可能的养育人寻求帮助（比如外公外婆爷爷奶奶等）；对于可能伤害身体的事，王祥则可以拒绝执行，或在安全的范围内去执行。

心得随记 Experience Notes

方式十　理解与体谅是必备的能力与素养

想让生养人心情舒畅、少操心，拥有比较好的观察理解能力是必备的前提。

不少青年人走上社会，结婚生子后，才开始懂得如何跟生养人正确地相处，跟生养人的争吵和矛盾少了，让生养人心情舒畅、少操心的时间多了。主要原因之一是长大了，懂得了观察与判断，学会了理解与体谅，具备了良好的沟通能力（包括语言、表情、姿态、方式等）。

理解能力，就是理解生养人的心思。理解能力好的人，在生养人声色未动之前，就能明白他们的意愿。

有了观察理解能力之后，体会与谅解就会随之而来。我们要永远记住，要给生养人以“特殊优待”，要在感恩基础上永远保持“敬”的态度。有了这个基本意识，体会与谅解便是水到渠成的事。

比如常见的，首先要体谅生养人的关心与苦心，不嫌他们唠叨，能耐心倾听他们的关切之语。

其次，尽量不抱怨生养人，不提过分的要求，以免增添他们的负担。要知道，生养人已经给了我们很多关爱，已经花了太多精神、体力和时间在我们身上，已经尽责养育我们了，我们就不能再抱怨或吵闹让生养人买奢侈品或提过分的要求了。

就算生养人有很多财富，只要他们对我们尽责抚养了，那他们的财富也是他们自己劳动获取的，自然也应由他们自己去支配。比如家里有三个孩子，其中作为老大的小颖有机会去上优质民办学校，但一年学费就要六万。当她父母得知这个信息之后，母亲面无表情，稍显无奈地望着小颖的父亲。父亲低着头，抽起了烟，吞烟吐雾间微微皱了下眉头。小颖看在眼里，知道家里并不富裕，而且家里还有弟弟妹妹需要养育，还有房贷，每月要还银行本息，于是主动跟父母说去普通公办学校就好，她也会努力读书的。

如此，她父母顿觉欣慰，不仅没有这高昂的学费压力，也觉得作为大姐的小颖很懂事——懂得了体谅父母的难处，更重要的是，小颖还表示愿意努力读书。

小颖在学生时期愿意努力学习，还能体谅父母的难处，让父母尽量不为她操心，而且还能关照弟弟妹妹的利益不去争夺，这些都是我们讲的“很高级”的孝敬的方式了。

再次，**当自己遇到困难时，不能随意责备生养人，更不能因为自己的原因而把怨气发在生养人的身上。**

还有一点，**只要生养人的要求没有侵犯子女的合法权益，也没有可能会伤害子女的身心，那么作为子女就一定不能对生养人发脾气及大声吼叫，更不能挖苦、讽刺、谩骂生养人！**因为一个人如果习惯对生养人乱发脾气，那这个人就违背了全社会对孝敬生养人的共同认知和道德底线，这个人就很难获得亲戚、同学、同事的认可，也很难拥有真正的朋友，事业和感情都将阻碍重重。

大家都认同“百善孝为先”，那么不孝之人也即“不善”之人。

心得随记 Experience Notes

方式十一 建立良好的沟通方式与如何进行劝谏

1. 与家长建立良好的沟通方式

我们强调，就践行孝道的效果而言，精神先于且大于物质。所以，与家长建立良好的沟通方式，让家长安心、舒心、愉悦，至关重要，而且家长心情好，身体也会好些。建立沟通方式主要分以下几种情况：

第一，经常与家长分享自己的快乐、困难、心事或趣事，让家长了解你的状况，以使其安心。

第二，经常倾听家长的困难与心事，主动为其排忧解难，引导其向积极乐观的方向去考虑问题。

第三，当自己与家长产生矛盾时，要首先反省自己，主动承担责任，有错就通过写信、发信息、打电话或直接面谈的方式主动认错，没有错也要主动与家长缓和关系，要持尊重和商量的语气，毕竟家长养育了你，是有恩在前！

第四，当自己与其他亲戚之间有矛盾时，在考虑自身利益的同时，也要考虑家长的难处（毕竟你跟其他亲戚闹翻，可能让家长为难），主动同家长沟通协商，站在公平、合理的角度求得家长的帮助。

第五，作为子女，在面对家长有过失或不当的行为时，要分清楚其行为的性质，然后考虑要不要对家长进行劝谏。是否要劝谏，什么情况下需要劝谏，以及如何劝谏，是接下来要阐释的重点。

2. 家长有不当行为时该不该进行劝谏

首先，我们需要回答，当家长有不当行为时，作为子女该不该进行劝谏？换句话说，当家长有不当行为时，子女“管”家长，算不算“不孝”？

关于这个问题，在《孝经·谏诤》中，曾子与孔子的对话可以回答这个问题——

曾子曰：“若夫慈爱、恭敬、安亲、扬名，则闻命矣。敢问子从父之令，可谓孝乎？”子曰：“是何言与，是何言与！昔者天子有争臣七人，虽无道，不失其天下；诸侯有争臣五人，虽无道，不失其国；大夫有争臣三人，虽无道，不失其家；士有争友，则身不离于令名；父有争子，则身不陷于不义。故当不义，则子不可以不争于父，臣不可以不争于君；故当不义，则争之。从父之令，又焉得为孝乎？”

曾子说：“关于慈爱、恭敬、安亲、扬名等道理，学生已经听过夫子的教诲。请问为人子一切都听从父亲的命令，这可以说是孝吗？”

孔子说：“这是什么话！这是什么话！从前，天子有七位直言谏诤之臣，即便天子无道，也不会失掉其天下；诸侯有五位直言谏诤之臣，即便诸侯无道，也不会失掉其国；卿大夫有三位直言谏诤之家臣，即便大夫无道，也不会失掉其家；士人若有直言规劝的朋友，则自己不会失掉美好的名声；如果父亲有能够坚持真理、劝谏父亲改过的儿子，父亲就不会做出不道义的行为。因此在遇到不义之事时，如确为父亲所为，做儿子的不可以不劝阻；如确为君所为，做臣子的不可以不直言谏诤。所以对于不义之事，一定要谏诤劝阻。一味地盲从父亲的号令，又怎么能够称为孝呢？”

简单来说，孔子以“不义”代表了家长的不当行为，他态度鲜明地强调子女对父母进行劝谏的必要性。

我的观点跟孔子有相同的地方也有不同的地方，我认为子女在必要的情况下可以对父母进行劝谏，这点跟孔子观点一致；但我们所讲的“必要的情况下”，又跟孔子所讲的概念含糊不清的“不义”不同。

所以，我们有必要先来探讨家长可能出现的几种过失或不当的行为，然后再分析什么情况下才有劝谏的必要。

3. 人可能出现的三种不当行为

我们应该承认，世界上没有完美的人，谁都可能有过失或不当的行为。而不当的行为又大概分为违法、违规及不道德的行为三种：

第一种，违法行为，即违背法律规定的行为，指违反国家的宪法、法律、法令、行政法规和行政规章的行为，比如常见的赌博、打架，违反交通规则等。根据违法性质，违法行为可分为刑事违法行为、民事违法行为、经济违法行为、行政违法行为等；根据对社会的危害程度，违法行为可分为一般违法行为和严重违法行为（触犯了《刑法》，也称犯罪）。

第二种，违规行为。违规行为就是没有遵守在某个领域范围内的规章制度。比如在工作单位要遵守规章制度，在学校要遵守学校的纪律，在许多公共场所不能抽烟、大声喧哗等等。违规也包括没有履行协议或社会的规则，比如借钱要按时还等。

第三种，不道德行为。这种行为本身其实没有绝对的对错（有绝对对错的，一般已经由法律法规做出规定了），简单来说，属于大部分人民群众认可的行为是讲道德的，而比如说人事非、说脏话可能是不道德的（但也不绝对，要分对象和情形）。

接下来探讨家长出现什么行为时，需要我们进行劝谏。

4. 可能出现违法行为就有必要劝谏

首先要说明的是，如果家长只是对子女产生失误或失信，那么子女应该首先谅解家长，比如家长因为忙所以忘了，因为年龄大而失误，等等。出现这些问题，不是本节所要探讨的“劝谏”的问题，而是子女应该理解、体谅，并进行沟通的问题。如果因为家长无意间对子女产生了失误或失信，子女去责备家长，那就是子女“不孝”了。

家长出现不当的行为，分为违法、违规及不道德的行为三种。

我们认为，**道德本身没有绝对的对错，比如有没有见义勇为、要不要借钱给亲戚、是不是比较自私自利等等，对于这些家长道德品质方面的问题，子女不必过多干涉。**因为这可能是家长个人的性格因素造成的，也可能是家长的成长经历和周围生存环境造成的。**只要家长对子女尽到抚养的责任，**

子女就该感恩，而不应经常站到道德的制高点上对家长品头论足。这样做，反而是对家长的不尊重、不尊敬，违背了孝敬家长最重要的方式——敬！这种情况下，子女应该多谅解家长，多跟家长沟通，看看有什么难题，可以帮助其一起解决。

还有例如家长的婚姻感情问题、家长如何分配使用财产问题等，只要家长在头脑清醒的情况下做出的决定，子女最好都不要去干涉。如果子女去干涉这两个问题，一般来说都是子女出于自身利益的角度去考虑问题，如果产生违背生养人意志的行为，则是“不孝”的行为——当子女向家长索取利益或干涉家长的合法权益，都不是在报恩，反而像生养人欠了子女的债而子女在自己成年后向其进行“讨债”。举个例子，新闻里曾报道某个老人，因为保姆长期对他关照陪护很用心，而子女对他爱理不理，于是老人将财产合法地赠予这位保姆。此时，如果子女提出反对，就是干涉老人的合法权益——这些财产是老人自己合法获得并积累的，如何分配或消费，是老人自己的权利，只要老人不是被骗就好（建议老人找人见证或去公证处做个公证，这样比较容易兑现自己的意愿）。

而对于没有遵守“规章制度”方面的违规问题，有可能对周围的他人、社会或所处的组织造成一些不良影响，比如不按顺序排队、上车不按车票座位就坐等，子女只需要提醒一下家长即可。

唯一需要子女进行劝谏的，是家长可能有违法的行为。因为家长一旦有违法行为，首先就会危害社会及他人，其次会影响或危害自己的家庭甚至是家人，最终对该家长自己不利（比如赌博、诈骗、盗窃、贪污受贿等行为）。因此，不论是从对家长好的角度，还是保护自己和家人的角度，或是维护社会和他人的合法权益的角度，作为子女都有必要进行劝谏。

5. 对家长进行劝谏的正确方式

当家长可能出现违法行为时，作为子女就有必要进行劝谏了。关于劝谏的方式，《弟子规》有明确的表述，即“亲有过，谏使更，怡吾色，柔吾声。谏不入，悦复谏，号泣随，挞无怨”。就是说当家长有过错或可能违法的时候，应劝导使其改过向善或及时阻止。劝导时态度要诚恳，要和颜悦色（不能横眉立目），声音要柔和（不能生硬）。如果家长不听劝谏，还想一意孤行，子女应该继续保持和颜悦色的态度再次加以劝谏（这种态度是子女始终该给予生养人的特殊优待），就算哭着喊着跟随着家长，也尽量不要让他做违法的事。而且纵然家长恼羞成怒了，责打了子女，子女也要无怨无悔。

《弟子规》所讲的劝谏的方式，我们着力推荐的是“怡吾色，柔吾声”和“悦复谏”，因为它强调了子女劝谏是要贯穿始终的，要有良好的态度，始终要尊敬家长，着急也不要怒气冲天，或颐指气使，就算家长开始不听劝谏，自己也要有耐心（有时需要等家长情绪平静），再次劝谏时的表情也需要和颜悦色，可以端杯茶水，讲究礼节，采取“攻心为上”，用亲情感化他，用利弊分析说服他。

最后，需要强调的是，家长都是成年人，能将子女养育大，证明家长是有智慧的。作为子女，需要在家长可能犯错违法的时候提醒、劝谏家长，以避免家长在情绪激动（冲动）、不够理智、不清楚法规的情况下做出错误的行为。当然，很多时候子女也不清楚家长这样做的原因和目的，就需要让家长平静下来，和平沟通，然后帮助家长想想解决问题的办法和达到家长目的的途径，甚至可以咨询律师，让律师给出意见和建议，以及可能承担的后果，避免家长采用违法的方式去解决问题，同时也达到了爱护家长的目的。

不过，**既然家长是成年人，子女也不是执法者，对与错，最终还是要家长自己去判断，每个成年人都必须为自己的行为负责。**子女尽力而为就好，同时也要保护好自己的身心，并时刻对生养人心怀一份感恩和敬意，不能去伤害生养人。

心得随记 Experience Notes

方式十二　慎终缅怀而追远

1. 怎样才能算尽责事亲

《孝经·纪孝行》中写道："子曰：'孝子之事亲，居则致其敬，养则致其乐，病则致其忧，丧则致其哀，祭则致其严。五者备矣，然后能事亲。'"

意思是孔子说："孝子侍奉父母亲，日常居家生活时需要处处都对父母恭敬；奉养父母时，应让父母愉快、欢心；父母生病时，应忧虑父母的病情并尽心照料；父母去世时，应感到哀痛并尽心料理后事；祭祀父母时，应庄严敬肃。以上五点完全做到，才算是尽到事奉双亲的责任。"

本书前面已经讲了"致敬""致乐"和"致忧"，最后探讨下"致哀"和"致严"。"致哀"和"致严"其实跟成语"慎终追远"所表达的意思相近。

曾子曰："慎终追远，民德归厚矣。"

意思是说："谨慎地对待生养人的丧事，恭敬虔诚地祭祀远代祖先，就能使民心归向淳厚了。"

古代曾子等儒家代表，都是站在统治者的角度思考问题的，都是思考什么样的制度可以让统治者容易统治臣民。曾子这句话后面可能还省略了一句——"民德归厚，则易统治也"。

慎终追远，其实是一种早于孔子和曾子时期就存在的中华民族的优良传统，曾子只是对其做了总结而已。本书除了将探讨"慎终"和"追远"外，还将加入探讨"缅怀"。本书所指的"缅怀"的对象和"慎终"的对象一致，都是在生前生养过自己的人。而"追远"的对象，则是远代的祖先了。

2. 慎终

慎终是指要谨慎地对待生养人的身后事。

首先，**我们认为善终比慎终更重要。**善终就是尽量让生养人最后比较舒适地离去，尽量满足其生前的愿望。比如，有的生养人最后放弃治疗，不想再受治疗的罪，想去见某个人，想去哪里走走看看，还有财产想怎么分配，等等，作为子女都应该时刻谨记“敬”和“顺”这两个最大的“孝道”。

其次，当生养人过世后，子女要用合适的态度去对待。

《孝经·丧亲》中记载：“子曰：‘孝子之丧亲也，哭不偯，礼无容，言不文，服美不安，闻乐不乐，食旨不甘，此哀戚之情也。’”

意思是孔子说：“孝子一旦丧失了父母，会哭得发不出声，行为容貌会失去平时的端庄，言语没有了条理文采，如果穿上华美的衣服就会内心不安，听到美妙的音乐会感到不快乐，吃到美味的食物会觉得不好吃，这就是做子女因失去亲人而表现出的悲伤忧愁的感情。”

第三就是“慎终”，既要按照国家的政策，也要根据当地的风俗妥善办理生养人的身后事，还有最重要的是要尽量满足生养人在生前对此的愿望！

3. 缅怀

说起“缅怀”的对象，一般可以是指对我们有过生养功劳或让我们获益或敬重的过世的人，可以是师傅、恩师、益友、同事、战友、先烈、前辈等等。

但本书所指的“缅怀”对象，只是针对曾经生养过自己的人，正常情况下就是指父母、爷爷奶奶、外公外婆，最多还可能到曾祖一辈，也就是人从一出生所能见到的并养育过自己的人。至于更老一辈的人，如果您觉得有需要当然也可以缅怀。

缅怀的方式：

孔子在《孝经》里说：“春秋祭祀，以时思之。”

就是说，在春秋两季举行祭祀，以表示后辈在重要的时节都会怀念已过世的亲人。

在我国，清明节是国家法定的缅怀祖先的节日，也是中国传统扫墓祭祀、缅怀祖先、弘扬孝道、凝聚亲情、促进家族成员凝聚力的节日。除清明节以外，全国各地根据风俗不同，在除夕、春节、元宵节、端午节、中元节、中秋节、寒食节等节日均有缅怀祭祀先祖的活动。

至于缅怀的方式，中国传统大多以点香烧纸钱、摆放供品祭祀为主，现在以鲜花、瓜果、烟酒茶等不点火焚烧的方式祭拜缅怀为主，甚至还有在网络上缅怀的。采取什么方式，可根据当地的规定和风俗，以及自己的意愿而定，不必攀比，也不需要太受别人的影响，毕竟是自己在对生养人表达一份孝心、一份怀念、一份感恩之情，与其他人没有关系，只要不对其他人和社会造成不良影响即可。或许心意到了，生养人也能感知得到吧。

至于缅怀的地方，除了清明等重大节日扫墓祭祖外，我国的广东、广西、湖南、贵州、四川、安徽等一些地区，都有在家中大厅里正对大门的位置（即中堂的位置）摆放生养人牌位、香炉或照片的风俗。

除对曾经生养过自己的人尽到缅怀之心外，我国有华夏子孙公祭黄帝陵的传统，我国南方许多地方还有联宗建祠堂、修祖墓祭祖的风俗，这就是“追远”了。

4. 追远

我国早在西周时就有祖先崇拜，崇拜祖先以求绵延生命后代。当时把“孝”作为一个伦理观念提出，认为行孝的方式主要就是奉献供品祭祀祖先。**春秋战国后，孝的概念就变得丰富起来，包括对父母生前和身后的行孝。**

本书认为，人因为感念生养之恩而行孝，所以行孝的对象就是自己的生养人。

《孝经》里最后一段记录孔子的话：“生事爱敬，死事哀戚，生民之本尽矣，死生之义备矣，孝子之事亲终矣。”

意思是说，父母亲在世时以爱和敬来奉养他们，在他们去世后则怀着悲哀之情料理后事，如此尽到了人生在世应尽的本分和义务。养生送死的大义都做到了，孝子侍奉亲人的义务就算完成了。

古人可以在家中，对过世的父母进行祭祀缅怀；在家族中，可以对过世的祖父辈、曾祖辈进行祭祀缅怀。当然祭祀缅怀的祖先越久远，参与的人就会越多，这时候就需要有一个公共的地方可供大家一起祭祀缅怀，开始出现了“公厅”性质的地方或直接在祖墓处祭祀缅怀。

古代只有天子、诸侯才能设立“宗庙”，或影响广泛的名人才能设立“祠”。宋朝时，朱熹著《家礼》仍然认为民间不能立祠，普通百姓只能在家里祭拜祖先。直到明朝嘉靖十五年（公元1536年），明世宗采纳了大臣的建议，宣布“许民间皆得联宗立庙”，开始准许百姓联合宗亲立先祖庙，并由族长率领族人共同祭祀。

寻根问祖、建祠续谱、修墓祭祖、扶困助学、举办民俗活动等宗族的民间活动，在缅怀祖先、弘扬祖德宗功的同时，也起到敦亲睦族、和谐社会的作用，是进行族人道德教育的一种方式，使族人关系融洽和乐，民风也显得淳朴敦厚（就是那句“慎终追远，民德归厚”的意思了）。

祖先其实就是生养人的生养人。“追远”，主要是缅怀历代祖先的品德和功勋，并加以学习弘扬，激励族人上进，发奋图强，为社会多做贡献，取得突出成绩，以光宗耀祖。我们前面也讲了，如果子女能做出成绩，显扬名声于社会，使父母更加荣耀，那也是一种孝敬父母的重要方式。

所以，**“追远”——缅怀先祖，其实是族人学习先祖功德，让自身获取进取正能量的一种方式。**当族人自觉践行先祖的优良道德品质，并做出突出成绩时，族人自己不仅是在对生养人行孝，而且也是对先祖行了孝。

心得随记 Experience Notes